Wörterzauber statt Sprachgewalt

Achtsam sprechen
in Kita, Krippe und Kindertagespflege

Das Kartenset zum Buch

Lea Wedewardt
Wörterzauber statt Sprachgewalt
Achtsam sprechen in Kita, Krippe und Kindertagespflege
40 Karten
ISBN 978-3-451-39699-1

Mit diesem Kartenset können pädagogische Fachkräfte einen sensiblen Umgang mit Sprache als „Wörterzauber“ statt „Sprachgewalt“ einüben. Negative Beispielsätze regen zum Nachdenken an – Fühlst du dich ertappt? – Die Rückseite verrät, wie es anders geht!

Hermann-Herder-Str. 4, 79104 Freiburg

www.herder.de

Fragen zur Produktsicherheit an: produktsicherheit@herder.de

Umschlagkonzeption und -gestaltung: Sabine Hanel, Gestaltungssaal, Rohrdorf bei Rosenheim
Satz: Sabine Hanel, Gestaltungssaal
Coverillustrationen: © redstone – shutterstock; © Dzm1try – shutterstock; © pokki77 – shutterstock
Illustrationen im Innenteil: © Lea Wedewardt; © Sabine Hanel; © redstone - shutterstock; © Dzm1try – shutterstock

Herstellung: Graspo CZ, Zlín
Printed in the Czech Republic

ISBN (Print) 978-3-451-39111-8
ISBN EBook (PDF) 978-3-451-82611-5
ISBN EBook (EPUB) 978-3-451-82622-1

Inhalt

Einleitung

Worte können viel bewirken. Wie wir mit Kindern sprechen, nimmt Einfluss auf ihre Entwicklung. Denn Worte enthalten Botschaften, die die Kinder prägen. Pädagogische Fachkräfte haben neben den Eltern entscheidenden Einfluss darauf, welches Bild ein Kind von sich selbst entwickelt.

Insbesondere in stressigen Momenten kommen manchmal Sätze aus unserem Mund, die wir so nie zu Kindern sagen wollten. Das ist kein Drama. Es lässt sich auch nicht vermeiden, denn wir alle sind Menschen mit Erfahrungen und Prägungen. Die entscheidenden Fragen sind: Wählen wir unsere Worte bewusst? Erlauben wir uns, uns zu beobachten, reflektieren wir unsere eigene Sprache und gehen so Stück für Stück neue Wege?

Dieses Buch möchte Anstöße geben, um das eigene Kommunikationsverhalten genauer zu betrachten. Dabei kann es passieren, dass man sich an bestimmten Stellen „ertappt" fühlt und merkt: „Oh nein, das habe ich schon so oft gesagt". Auch das ist nicht schlimm. Es bedeutet nur, dass es an dieser Stelle Raum zur Entwicklung gibt. Ich kann die Erkenntnis als Geschenk begreifen, neue Wege einschlagen zu dürfen.

Um bewusst mit Sprache umgehen zu lernen, ist es wichtig, mit sich selbst in Kontakt zu sein – mit den eigenen Bedürfnissen und Gefühlen. So kann ich mich offenbaren und die Verantwortung für mich selbst übernehmen. Deshalb finden sich im Anhang eine Gefühls- und eine Bedürfnisliste, die im Alltag als Reflexionsstütze dienen können.

In jedem der Kapitel wird ein Sprachaspekt exemplarisch beschrieben, mit einem Praxisbeispiel anschaulich gemacht und unter fachlichen und wissenschaftlichen Gesichtspunkten analysiert. Schließlich werden am Ende eines jeden Kapitels alternative Sprachimpulse vorgeschlagen.
Hierbei geht es nicht um richtig oder falsch, nicht darum, dass nun jede Fachkraft diese Worte verwendet. Menschen bevorzugen unterschiedliche Wörter, und jeder darf bzw. muss sogar seine eigene authentische Sprache finden. Alle Vorschläge und Impulse sind als Anschauungsbeispiele zu verstehen, die unterstützen sollen, Ideen für eine gewaltfreie Sprache zu finden.

1 Wie Worte wirken
Die Macht der Sprache

„Ist doch nicht so schlimm!", sagt Erzieherin Birgit zum dreijährigen Jonas, der gerade hingefallen ist und weint. Ein kleiner Satz, eben mal gesagt, so nebenbei, fünf aneinandergereihte Worte, wenige Silben, die über Birgits Lippen rutschen. Diese Worte zeigen Wirkung, eine größere, als man zunächst annehmen möchte. Sie senden eine Botschaft, die Jonas unter Umständen für sein Leben prägen kann.

Je nachdem, wie häufig Jonas diesen oder einen ähnlichen Satz hört, trägt die enthaltene Botschaft dazu bei, wie er über sich selbst denkt und was er von sich hält. Die Worte können also großen Einfluss darauf haben, welches Bild sich Jonas letztendlich von sich selbst macht – zum Beispiel:

- Das, was du fühlst, ist falsch!
- Fühle anders!
- So, wie du bist, bist du falsch!
- Deinen Empfindungen kannst du nicht trauen!
- Weinen ist nicht o.k.!

Auf diese Weise lernt Jonas, dass er falsch ist und falsch empfindet, dass er seine Gefühle lieber nicht zeigen sollte und aushalten muss, was schmerzt. Die damit abgespeicherte **Selbstbildkomponente** kann sich in negativer Weise auf sein Selbstvertrauen, sein Selbstbewusstsein und auch auf seine sozial-emotionalen Kompetenzen auswirken. Aus der Forschung ist hinlänglich bekannt, dass wenig Selbstvertrauen sowie Schwierigkeiten im Umgang mit Emotionen und im sozialen Miteinander sich auf die emotionale Widerstandskraft (Resilienz) auswirken können (vgl. Wustmann 2004; Fröhlich-Gildhoff & Rönnau-Böse 2019; Weltzien u.a. 2016).

Wie Menschen miteinander sprechen, beeinflusst also den **Selbstwert** und das **Selbstbild** des Kommunikationspartners. Die Familienthera-

Pädagogische Fachkräfte haben es neben den Eltern in der Hand, Kinder in positiver wie negativer Weise durch ihre Sprache, ihre Worte zu prägen.

peutin Virginia Satir (2018, S. 39) schreibt: „Kommunikation ist der Maßstab, mit dem zwei Menschen gegenseitig den Grad ihres Selbstwerts messen, und sie ist auch das Werkzeug, mit dem dieser Grad für beide geändert werden kann."

Während der Kita-Zeit sammeln Kinder jede Menge Erfahrungen, was die Kommunikation zwischen Menschen anbelangt. Und in genau dieser Zeit erlangen sie eine Idee darüber, wie sie sich selbst sehen, was sie von anderen erwarten können und was ihnen in der Welt als möglich oder auch als unmöglich erscheint (vgl. ebd.). Pädagogische Fachkräfte sind Teil dieser Erfahrungen, über ihre Kommunikation mit den Kindern können sie eine Spur in deren Selbstbild hinterlassen, die die Kinder fühlen und begreifen lässt: „Ich bin gut!" „Ich kann etwas erreichen!" „Ich bin wertvoll, so wie ich bin!"

1.1 Eine gewaltbewusste Sprache

Welche Gewalt Sprache ausüben kann, wird im Konzept der „Gewaltfreien Kommunikation" deutlich. Der Begründer Marshall Rosenberg zeigt auf, dass sich Gesagtes für das Gegenüber äußerst schmerzhaft und übergriffig anfühlen kann. Er spricht dabei von der sogenannten Wolfssprache, die den Anderen ängstigt, beschämt oder verärgert. Eine gewaltvolle Sprache ist von Herrschaft, Dominanz, Macht, Rechthaberei, Kleinmachen, Beschuldigung und Beschämung geprägt. Sie führt dazu, dass sich Menschen voneinander entfernen statt zueinander zu finden, dass sie sich abschirmen statt sich zu öffnen, einigeln statt weich und zugänglich zu bleiben.

Unbeherrschte Worte wie „Du wirst es nie zu etwas bringen" oder „Du bist ein furchtbares Kind!" sind wie ein Schlag ins Gesicht und führen dazu, dass das Gegenüber schlecht über sich selbst denkt, wütend wird oder sich verletzt zurückzieht. Worte haben Macht! Mit Worten ist es möglich, Grenzen massiv zu übertreten, zu verletzen, kurz: eine psychische Ohrfeige zu verpassen.

„Worte sind Mauern – oder auch Fenster"
(Marshall Rosenberg)

Es ist heute bekannt, dass **psychische Gewalt** genauso schmerzhaft ist wie körperliche Gewalt. Und eine entscheidende Komponente, über die psychische Gewalt ausgeübt wird, ist die Sprache. Eine Studie an der Universität Michigan konnte zeigen, dass im Gehirn von Menschen bei psychischem und körperlichem Schmerz die gleichen Hirnareale aktiv sind (vgl. Kross u.a. 2011). Auch eine groß angelegte Langzeitstudie mit 2.500 Kindern im Alter zwischen 5 und 15 Jahren der Universität Minnesota kam zu dem Schluss, dass verbale Herabwürdigung, Demütigung und Bewertung ähnliche negative Auswirkungen auf die psychische Gesundheit der Kinder haben wie körperliche Misshandlungen (vgl. Vachon u.a. 2015).

Umgekehrt kann ein Satz, ja sogar ein einziges kleines Wort dazu beitragen, einander die Hand zu reichen, das Herz zu öffnen, sich zu erfreuen, zu stärken, sich gegenseitig aufzumuntern und zu motivieren. Ein einziger Satz kann wie ein Pfeil schießen oder aber Wunden heilen, wie ein Filter oder wie ein Spiegel der Seele wirken, Kooperation fördern oder Widerstand hervorrufen. Sprache kann so schmerzhaft sein und so heilsam.

In der Gewaltfreien Kommunikation verwendet Marshall Rosenberg im Gegensatz zur Wolfssprache für die gewaltfreie, friedvolle Sprache das Bild der Giraffe – nicht ohne Grund, denn es handelt sich dabei um das Landtier mit dem größten Herzen. Dieses Tier soll die Sprache des Herzens repräsentieren, die geprägt ist von Freundlichkeit, Mitgefühl und Verbindung. Es handelt sich um eine sanfte Sprache, die von Herzen kommt, die etwas über den Sprechenden preisgibt anstatt den anderen zu verurteilen. Sie ist kraftvoll und drückt aus: „Ich verstehe und sehe dich!"

1.2 Sprache als wichtiges Element der Kommunikation

Das gesprochene Wort macht nur einen Teil der Kommunikation des Menschen aus. Weitere Komponenten sind im Tonfall, der Tonhöhe, der Mimik, Gestik und im Sprachtempo zu verorten. Neben der rein verbalen Kommunikation gibt es auch die paraverbale Kommunikation und die non-verbale Kommunikation (vgl. Watzlawick u.a. 2003; Maletzke 1996).

Egal, was wir sagen, die Haltung ist entscheidend, so heißt es oft. Das stimmt auch zu weiten Teilen. Wenn ich zu einem Kind liebevoll „Du Dummi!" sage und dabei zugewandt und freundlich bleibe, so kann ich hoffen, dass es den Spaß versteht und meine Worte richtig interpretiert. Und dennoch sollte das gesprochene Wort in seiner Wirkweise nicht unterschätzt werden. Ein Kind wird trotzdem unterschwellig hören: „Ich bin dumm!" Auch hier gilt die altbekannte Weisheit: Achte auf deine Gedanken, denn sie werden Worte, achte auf deine Worte, denn sie werden Handlungen …

Bereits seit den 1930er Jahren wurden die Sprache und ihre Auswirkung auf unser Denken untersucht. Die amerikanischen Linguisten Edward Sapir (1884–1939) und Benjamin Lee Whorf (1897–1941) stellten die These auf: Wenn Menschen in unterschiedlichen Ländern grundverschieden sprechen, dann denken sie auch unterschiedlich. Wenngleich ihre Behauptung zunächst ohne Nachweis blieb, kann heute belegt werden, dass ihre Annahme stimmt und Sprache das Denken formt (vgl. Boroditsky 2012). Wie wir sprechen beeinflusst unser Denken, und wie wir denken prägt unsere Wirklichkeit. Unsere Sprache konstruiert also auch unsere Wirklichkeit.

Der Psychologe Lew Wygotski hat sich in den 1970er Jahren der Frage gewidmet, welchen Zusammenhang Sprache und Denken haben (vgl. Wygotski 1974). Er stellte die Behauptung auf, dass das Denken sich nicht nur im Wort wiederfindet, sondern sogar durch das Wort erfolgt (vgl. ebd., S. 303). Sprache kann also als Werkzeug des Denkens verstanden werden. „Sprache ist die Kleidung der Gedanken", so formulierte es einst der englische Sprachforscher und Journalist Samuel Johnson (1709–1784).

Jeder Satz, der gesprochen wird, macht deutlich, welche Haltung dahintersteht und welches Bild vom Anderen – in diesem Fall, was der jeweilige Erwachsene über das Kind denkt. Wygotski vergleicht Gedanken mit einer hängenden Wolke, die sich erst durch einen Regen von Wörtern entleert (1974, S. 353).

1.3 Prägende Botschaften

Jedes Wort sendet eine Botschaft, das stellte bereits der Psychologe Friedemann Schulz von Thun mit seinem berühmten Vier-Ohren-Modell fest (vgl. Thun 2009). Die Botschaft kann Informationen enthalten, etwas über den Sprecher selbst offenbaren, einen Appell beinhalten oder etwas über die Beziehung zum Gegenüber aussagen. Mit jedem gesprochenen Wort senden pädagogische Fachkräfte also, bewusst oder unbewusst, bestimmte Botschaften an das Kind, die dessen Bild von sich selbst und von der Welt prägen.

Prägende Botschaften:

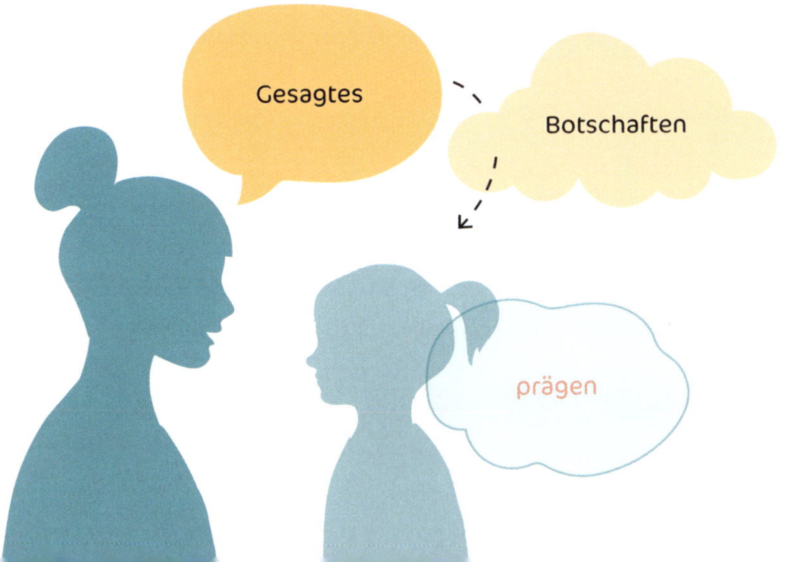

Was Fachkräfte heute zu Kindern sagen, wird morgen ihre innere Stimme sein, die ihre Wahrnehmung und ihr Bild von der Welt mit bestimmt. Um es mit den Worten der Familientherapeutin Peggy O' Mara auszudrücken: „Die Art, wie wir mit unseren Kindern sprechen, wird zu ihrer inneren Stimme."

Es gibt nicht die eine Wahrheit und ein klares Abbild von der Welt. Jeder Mensch erschafft sich im Laufe seines Lebens seine eigene Sichtweise auf die Welt. Wahrnehmung ist also immer subjektiv. Aber Erwachsene prägen diese Wahrnehmung mit, indem sie mit den Kindern oder in ihrem Beisein über Kinder sprechen. Die darin enthaltenen Botschaften werden als Wahrheit abgespeichert. Wird einem Kind also immer wieder gesagt, es würde nerven, speichert es diese Botschaft als Wahrheit in seinem Gedächtnis ab. Die Botschaft, dass gut ist, wie es ist, es alles schaffen kann und liebenswert ist, verfestigt sich ebenso.

Lange Zeit war intuitives pädagogisches Handeln gefragt, also aus dem Bauchgefühl heraus zu handeln und zu sprechen. Manchmal führt jedoch genau diese unmittelbare, vermeintlich authentische Reaktion dazu, dass spontan Botschaften übermittelt werden, die die Kinder in negativer Weise prägen. Deshalb ist es wichtig, **Sprache bewusst zu wählen,** sich immer wieder die Botschaften unserer Worte zu vergegenwärtigen und zu reflektieren, in welcher Weise unsere Sprache den Selbstwert und die Wahrnehmung des Kindes beeinflusst.

1.4 Glaubenssätze und der innere Dialog

Viel häufiger als Erwachsene mit Kindern sprechen, sprechen sie mit sich selbst. Denn ist nicht alles, was wir denken, in gewisser Weise immer auch ein Gespräch mit uns selbst?! Die britische Psychotherapeutin Philippa Perry (2020, S. 33) stellt fest: „Wir haben fast alle eine Art kontinuierliches Geplapper im Kopf, einen Kommentar, an den wir so gewöhnt sind, dass wir ihn gar nicht mehr richtig wahrnehmen."

Wer sich selbst beobachtet, merkt schnell, dass er selbst sein **stärkster Kritiker** ist und mit sich nur selten freundlich spricht. Dieser häufig kritische innere Dialog beeinflusst unsere Gedanken, die eigenen Gefühle und schließlich auch die subjektive Wirklichkeit. In der **Hypnotherapie** wird zum Beispiel durch anerkannte Verfahren über Suggestionen (verbale seelische Beeinflussung) die Wirklichkeit eines Menschen beeinflusst (vgl. Peter 2015, S. 58ff.). Jeder Mensch entwickelt im Laufe seines Lebens eine eigene subjektive Wirklichkeit, die sich aus seinen Erfahrungen im Umfeld und aus **Suggestionen,** die er gelernt hat, bildet. Ähnlich ist es mit **Glaubenssätzen.** Glaubenssätze sind innere Sätze, die einem Glaubenssystem entspringen und sich aus (Kindheits-)Prägungen entwickelt haben.

Bei ***Glaubenssätzen*** handelt es sich um innere Überzeugungen, Interpretationen und Verallgemeinerungen, die sich aus (Kindheits-)Erfahrungen entwickelt haben, mit bestimmten Emotionen verbunden und sprachlich gefasst sind. Sie dienen dazu, die Welt zu verstehen und zu strukturieren. Mehrere Glaubenssätze bilden zusammen ein Glaubenssystem, das die subjektive Wahrnehmung der Welt maßgeblich prägt. Glaubenssätze können für die eigene Entwicklung hinderlich, aber auch förderlich sein (vgl. Stahl 2015).

Es gibt einerseits Glaubenssätze, die schwächen, bewerten, verurteilen und hemmen. Auf der anderen Seite gibt es Glaubenssätze, die motivieren, stärken, zufrieden und dankbar machen, kurz: ein positives Selbstbild fördern.

Eigene Glaubenssätze bleiben oft im Hintergrund und sind uns nicht bewusst. Manchmal treten sie jedoch zutage, wenn Situationen nicht so funktionieren, wie wir es uns vorgestellt haben; wenn Dinge schiefgehen, Momente stressig und konfliktreich sind oder wir unseren eigenen Ansprüchen nicht genügen. Dann **schimpfen wir innerlich mit uns:** Schon wieder habe ich das nicht geschafft! Ich bin schlecht! Ich kann das nicht! Alle lassen mich alleine! In manchen Situationen sprechen wir diese Kritik an uns selbst auch laut aus: „Oh, ich Dussel!"

SCHWÄCHENDE GLAUBENSSÄTZE	STÄRKENDE GLAUBENSSÄTZE
• Ich kann das nicht • Ich genüge nicht • Ich bin nichts wert • Alles ist anstrengend • Alles muss ich alleine machen • Ich kann keinem trauen • Ich kann nichts richtig • machen • Ich bin nutzlos • Ich werde nicht gesehen • Ich darf keine Gefühle zeigen • Ich bin schuld • Ich bin verantwortlich dafür, dass es allen gutgeht • Ich muss lieb sein • Ich muss funktionieren • Ich bin falsch	• Ich kann das • Ich bin gut so, wie ich bin • Ich bin wertvoll • Ich gebe mein Bestes, das reicht aus • Ich darf mir Hilfe holen • Ich vertraue • Fehler machen ist in Ordnung • Ich darf Pause machen • Ich bin wichtig • Ich darf meine Gefühle zeigen • Andere Menschen tragen Verantwortung für sich selbst • Jeder gibt sein Bestes; es gibt keine Schuldigen • Ich darf zeigen, wenn es mir nicht gutgeht • Ich darf mich abgrenzen

Jedes dieser Worte, die wir in der Kita zu uns selbst sagen, und auch die Haltung hinter den Worten haben einen **Einfluss** auf die zu betreuenden **Kinder.** Denn pädagogische Fachkräfte sind ein Orientierungspunkt, ein Sprachvorbild auch in der Kommunikation mit sich selbst. Fällt einer Erzieherin etwas herunter und sie sagt zu sich selbst „Ich Dussel! Klar, dass das wieder mir passiert!", schauen sich die Kinder ab, dass es üblich ist, streng mit sich selbst zu sprechen. Können Fachkräfte jedoch mit sich selbst einen freundlichen, liebevollen inneren Dialog führen und diesen auch bei Missgeschicken nach außen tragen, bemerken die Kinder: „Huch, naja, kann ja mal passieren!" Auch in Bezug auf Selbstliebe und Selbstfürsorge, die ebenfalls durch Worte zum Ausdruck kommen, sind die Erzieherinnen und Erzieher Vorbilder. Um friedvoll mit anderen sprechen zu können, sollten wir zunächst lernen, mit uns selbst achtsam zu kommunizieren.

Die Glaubenssätze der Erwachsenen nehmen wiederum **Einfluss auf die Glaubenssätze der Kinder.** Pädagogische Fachkräfte transportieren ihre Glaubenssätze, ob bewusst oder unbewusst, in das gesprochene Wort und senden sie somit auch als Botschaft an das Kind. Diese Botschaft kann sich schließlich in einen Glaubenssatz des Kindes umwandeln (vgl. Abb.). Hat Fachkraft Tina zum Beispiel den unbewussten Glaubenssatz „Wut darf nicht sein!", lässt er sich in der Wahl ihrer Worte wiedererkennen, indem sie zur wütenden Lara sagt: „Lara, mach doch jetzt nicht so ein Theater!" Dieser Satz enthält die Botschaft: „Du sollst nicht wütend sein!" Lara könnte unter bestimmten Umständen schließlich den Glaubenssatz ausbilden: „Ich darf nicht wütend sein!"

Prägende Botschaften:
Glaubenssätze weitergeben

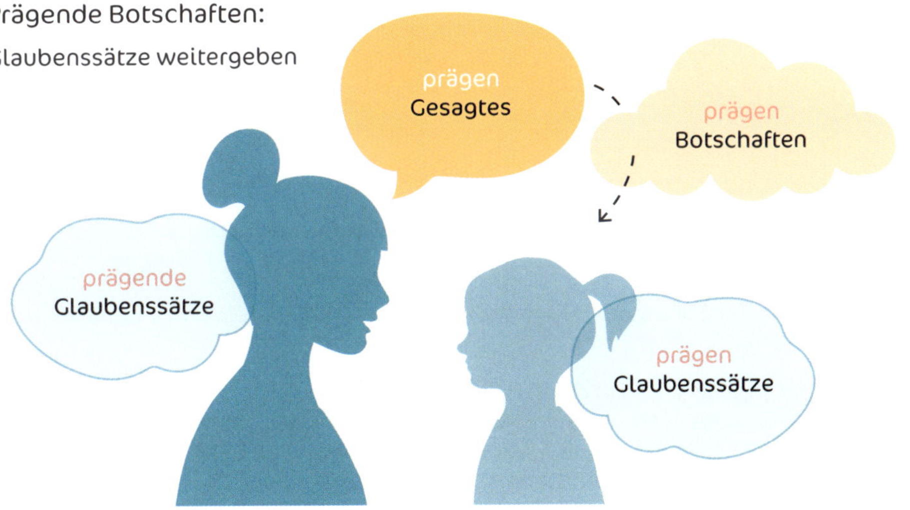

Glaubenssätze lassen sich verändern

Glaubenssätze entwickeln sich über viele Jahre der Erfahrung und finden sich so in ausgeprägten, manchmal starren Denk- und Handlungsmustern wieder. Glaubenssätze, die häufig gedacht werden, bilden einen Pfad im Gehirn, werden irgendwann zu einem Weg, bis daraus eine Autobahn geworden ist. Je präsenter der Glaubenssatz ist und je mehr er sich verfestigt hat, umso eher wird er auch genutzt. Auf seiner Basis erklären und ordnen Menschen sich dann ihre eigene Welt.

Die gute Nachricht: **Denken und Gedanken lassen sich jederzeit verändern.** Das Gehirn verändert sich kontinuierlich, angepasst an die von außen gestellten Anforderungen (Neuroplastizität) (vgl. Siegel & Bryson 2017, S. 132f.). Der innere Dialog lässt sich kognitiv steuern und dysfunktionale Glaubenssätze lassen sich umkehren. Es kostet unter Umständen einige Mühe, denn insbesondere hindernde Glaubenssätze sind unserem Bewusstsein oft nicht gleich zugänglich. Wir können jedoch damit beginnen, uns zu beobachten und darauf zu achten, welche Sätze wir über den Tag zu uns selbst sagen:

Reflexionsübung: Wie spreche ich mit mir selbst?

Beobachten Sie sich im Alltag:

- Wie sprechen Sie mit sich selbst? Spreche ich freundlich mit mir oder eher bewertend/beschämend/kritisierend?
- Gibt es Situationen, in denen ich besonders streng mit mir selbst spreche? Schreiben Sie diese Erfahrungen auf. Was habe ich in dem Moment genau zu mir gesagt? Werden Sie sich darüber bewusst.

Reflexionsübung: Glaubenssätze verändern

Beobachten Sie sich im Alltag und halten Sie fest, welchen inneren Dialog Sie führen. Welche Worte sagt Ihre innere Stimme insbesondere in stressigen Momenten zu Ihnen? Schreibe Sie belastende, immer wiederkehrende Glaubenssätze auf und kehre Sie sie um – zum Beispiel:

- „Ich schaffe das nicht, durch den Tag zu kommen" wird zu **„Ich schaffe das, weil ich an mich glaube."**

- „Das muss ich alleine schaffen!" wird zu **„Ich darf mir Hilfe holen!"**
- „Ich muss alles ertragen" wird zu **„Ich darf meine Gefühle und Grenzen zeigen!"**
- „Immer ruhig bleiben" wird zu **„Ich darf wütend sein."**
- „Ich muss stark sein!" wird zu **„Ich darf mich auch verletzlich zeigen!"**

Glaubenssätze, die belasten, können auch auf einen Zettel geschrieben werden, der dann als Symbol zerrissen oder verbrannt wird. Ein oder zwei besonders stärkende Glaubenssätze können Fachkräfte für sich als Schatz bewahren, einrahmen und aufhängen, damit sie sich immer wieder daran erinnern (vgl. Wedewardt & Hohmann 2021, S. 117f.).

Um sich die stärkenden Sätze zu vergegenwärtigen, können auch Rituale im Alltag eingebaut werden, zum Beispiel mit den sogenannten „Affirmationskärtchen". Eine Karte, auf der stärkende Worte stehen, wird dann pro Tag als festes Ritual in der Kita (vor-)gelesen. Die Fachkräfte können sich auch eine bestimmte Karte heraussuchen, die sie an diesem Kita-Tag stützen und stärken kann. Stärkende Sätze, die Kraft geben, können ebenfalls prominent im Gruppenraum aufgehängt werden oder an einer Stelle, an der sie besonders hilfreich sind. Zum Beispiel in der Garderobe, wo häufig Stress entsteht, kann der Glaubenssatz „Ich gehe einen Schritt nach dem anderen" entlastend wirken.

Wichtig ist es, sich aus einer Opferhaltung zu befreien und die Verantwortung zu übernehmen. Es geht darum, sich bewusst zu machen: Ich selbst bin der Entscheidungsträger für jedes Wort und jede Tat. Menschen können alles sein und tun, können liebevoll zu sich selbst sein und positiv auf die Welt blicken. Sie können sich mit Worten stärken, unterstützen, motivieren, trösten, achten und annehmen – positive Selbstgespräche sind also willkommen! Auf diese Weise tun Sie sich nicht nur selbst etwas Gutes, sondern senden gleich auch positive Botschaften an die Kinder:

- Ich bin selbst für mich verantwortlich.
- Ich darf freundlich mit mir selbst umgehen.
- Ich verzeihe mir Fehler.
- Ich kann mich selbst stärken.
- Ich kann mir gut zureden, wenn es schwierig wird.
- Ich erlaube mir, traurig/wütend/frustriert zu sein.

1.5 Sprechen, um gehört zu werden

Der Kita-Alltag ist reich an Kommunikationsmomenten: Zwischen Fachkraft und Kind, zwischen den pädagogischen Fachkräften untereinander, mit den Eltern und unter den Kindern selbst finden permanent non-verbale und verbale Interaktionen statt.

Für die pädagogischen Fachkräfte kann es ermüdend sein, Kinder immer wieder zu einer Handlung zu bewegen oder ihre Aufmerksamkeit zu erhalten. Besonders herausfordernd wird es, wenn Kinder vermeintlich **nicht hören,** nicht reagieren und auf Gesprächsangebote nicht eingehen. Die Fachkräfte fühlen sich dann oft nicht ernst genommen, nicht gesehen und nicht gehört. Das kann zu Frust und Ärger führen, der sich wiederum in der Sprache Bahn bricht: „Ich habe dir schon hundert Mal gesagt ...!" drückt dann die eigene Hilflosigkeit aus. Schnell befinden wir uns in einem inneren Dialog aus Glaubenssätzen, der uns selbst abwertet und an uns zweifeln lässt.

Pädagogische Fachkräfte dürfen sich dann immer wieder daran erinnern, dass Kinder grundsätzlich **kooperative Wesen** sind, die zum Wohle der Gemeinschaft beitragen wollen. Ohne die Gemeinschaft könnten Menschenkinder nicht überleben. Deshalb tun sie alles dafür, um nicht aus ihrer Gruppe ausgeschlossen zu werden. Allein aus diesem Grund würde es keinen Sinn ergeben, wenn sie nicht zuhören würden, nur um anderen zu schaden und negative Konsequenzen tragen zu müssen.

Immer wieder sollten Erwachsene sich ins Gedächtnis rufen, dass Kinder mit all ihren Handlungsweisen **für sich selbst und die eigenen Bedürfnisse** einstehen und nicht gegen jemanden handeln wollen. Wenn sie also nicht zuhören, dann können sie es in dem Moment einfach nicht, etwas anderes scheint wichtiger zu sein: das Spiel, die Ruhe oder auch der Selbstschutz. Es gibt also immer gute Gründe, die erklären können, wann und warum ein Kind in bestimmten Situationen nicht kooperieren und zuhören kann (vgl. Wedewardt & Hohmann 2021, S. 27):

- **Das Kind ist überfordert** (müde, gestresst, die Kooperationsbereitschaft ist überstrapaziert).
- Es fühlt sich unverstanden oder ihm droht **Kontaktverlust.**
- **Die Integrität des Kindes ist verletzt** (gekränkt, wütend, im Selbstwert verletzt).
- **Ein oder mehrere Bedürfnisse sind unerfüllt** bzw. ein anderes Bedürfnis (z.B. Spiel statt Ordnung) hat Vorrang.
- **Die Botschaften sind missverständlich** (unklare Aufträge, Erwartungen).

Damit Botschaften wirklich ankommen, ist es wichtig, die volle Aufmerksamkeit der Kinder zu haben. Dazu gehört es, Blickkontakt aufzunehmen und sich ihrer Bereitschaft zu vergewissern. Sind die Kinder gerade in ein Spiel vertieft, macht es vielleicht Sinn, noch einmal nach ein paar Minuten vorbeizukommen. Manchmal kann auch liebevoller Körperkontakt wie vorsichtiges Anstupsen an der Schulter oder das sanfte Auflegen der Hand auf den Rücken des Kindes für Aufmerksamkeit sorgen. Wichtig ist, dass grundlegende Bedürfnisse der Kinder erfüllt sind. Fühlen Kinder sich nicht ausreichend wertgeschätzt, wird über sie bestimmt, ihre Würde verletzt, sind sie müde oder hungrig, kann die Kommunikation erschwert sein. Manchmal ist aber auch einfach die Botschaft der Erwachsenen unklar und wenig konstruktiv. Eine klare, positive Sprache kann Wunder wirken.

Du bist ...

schwierig

eine Petze

lieb

vernünftig

bockig

brav

trotzig

eine Diva

zu klein

ein Trampel

laut

dumm

doch ein Mädchen

ein Trottel

kindisch

anstrengend

ordentlich

nervig

ein Schlaumeier

doch ein Junge!

eine Zicke

langsam

schüchtern

eine Heulsuse

2 „Du Trödler!" Vorurteilsbewusstes Sprechen üben

Menschen neigen dazu, Kategorien zu bilden, um für sich selbst Struktur und Kontrolle zu erlangen. Das zeigt sich auch in der Sprache. Nicht aus Böswilligkeit benutzen Menschen verallgemeinernde Begriffe, vielmehr wollen sie sich Sicherheit und Orientierung verschaffen. Im Kita-Alltag, wenn Fachkräfte nicht mehr weiterwissen, hilflos sind oder sich ohnmächtig fühlen, ist das eine Kind dann schnell ein „Trödler", das andere eine „Zicke".

Das Beispiel

In der Garderobe ziehen sich die Kinder an; sie wollen in den Garten gehen. Der Tagesplan ist eng getaktet. Bereits in einer Stunde sollten sie am Mittagstisch sitzen, weiß Fachkraft Lina. Die anderen Kinder sind schnell fertig, nur Aaron braucht mal wieder länger, denkt sie. Er sitzt gemütlich in der Garderobe und hat nur seine Schuhe an, als die meisten Kinder bereits im Freien sind. Lina fordert Aaron mehrmals auf, sich nun die Jacke anzuziehen: „Aaron, bitte zieh jetzt deine Jacke an!" Er reagiert nicht und schaut sich die Aufnäher an der Jacke an. Lina ist genervt. Sie sagt: „Immer brauchst du am längsten! Jetzt beeil dich mal!" Das bringt jedoch nicht das gewünschte Ergebnis. „Du bist echt ein Trödler! Beim Essen trödelst du, beim Aufräumen, beim Anziehen, immer trödelst du!", beklagt sich Lina.

Was ist hier passiert?

In ihrer Hilflosigkeit benutzt Lina eine beurteilende Zuschreibung: **„Du Trödler!"** Sie macht ihrem Stress Luft und übersieht dabei, dass ihre Worte Aaron in eine bestimmte Ecke drängen. „Trödler!" ist eine verallgemeinernde Namensgebung, die mit negativen Verhaltensweisen des Kindes assoziiert ist: Ein Trödler ist immer langsam, vorsichtig, lässt sich Zeit. Ähnliche stigmatisierende Etikettierungen wären Begriffe wie **„Macker"**, **„Zicke"**, **„Memme"**, **„Trampel"**, **„Prinzessin"** oder **„Diva"**. Jeder dieser Namen wird mit bestimmten, negativ bewerteten Eigenschaften in Verbindung gebracht: Der Macker ist laut und liebt die Selbstdarstellung, der Memme wird ein weinerliches, zimperliches Verhalten zugesprochen, der Trampel passt nicht auf und macht Sachen kaputt, eine Prinzessin lässt sich bedienen, die Zicke will vieles nicht, sagt oft „Nein", und die Diva ist arrogant. All das sind stigmatisierende Beurteilungen.

Unter ***Stigmatisierung*** wird die Generalisierung von Unterschieden zwischen einer Person und anderen Menschen verstanden (Labeling). Diese Unterscheidung wird anhand eines Begriffs (z.B. Trödler) festgelegt. Der Person werden dabei negative Stereotype zugeschrieben, die von der Norm abweichen.

Fachkräfte transportieren durch ihre Sprache: „Als Macker, Zicke, Trampel, Hampelmann oder Trödler will ich dich nicht haben!" Kinder erleben mit diesem „Stempel" auch häufig den Verlust ihres Ansehens in der Gruppe und sich selbst gegenüber. Sie nehmen die Botschaft „So, wie ich bin, bin ich falsch!" mit und beziehen diese Interpretation auf ihr gesamtes Selbst.

Häufige Stigmatisierungen können zu einer **Selbststigmatisierung** führen, die es den betroffenen Menschen schwer macht, anders über sich zu denken als im Rahmen der Zuschreibung. So denken die betroffenen Kinder irgendwann selbst: „Ich bin ein Macker und soll mich aufmüpfig verhalten!" „Ich bin eine Memme, ich weine immer!" Zu Beginn wird bei der Selbststigmatisierung die verbale Zuschreibung wahrgenommen, dann folgt die Zustimmung und schließlich wendet das Kind die negativen Stereotype auf sich selbst an.

Damit geht ein Verlust des Selbstwertgefühls einher (vgl. Corrigan u.a. 2006).

Pädagogische Fachkräfte können also mit negativen Etikettierungen bewirken, dass Kinder sich selbst nicht mehr mögen und ein **negatives Selbstbild** entwickeln. Zudem geben sie die Verantwortung für die überfordernde Situation und ihre starken Gefühle an die Kinder ab: „Wenn Lutz ein Macker ist, kann ich da als Fachkraft wenig machen!" „Jenny ist halt eine Memme, da kann man nichts machen!" Lina aus unserem Beispiel hat sich selbst entlastet, indem sie für sich feststellt: „Aaron ist ein Trödler, was soll ich da tun?!"

Dass Erwartungen von Erwachsenen im Sinne einer selbsterfüllenden Prophezeiung auf das Verhalten und das Wesen von Kindern wirken, konnte der sogenannte **Rosenthal-Effekt** zeigen. In mehreren Experimenten wies der amerikanische Psychologe Robert Rosenthal bei Grundschülern nach, dass diese entsprechend der Erwartungen des Lehrers Aufgaben gut oder weniger gut erfüllen konnten. Obwohl bestimmte Schülerinnen und Schüler anhand eines Intelligenztests als gleich intelligent eingestuft worden waren, waren diejenigen erfolgreicher beim Lösen von Aufgaben, von denen dem Lehrer vorab gesagt wurde, dass sie gute Leistungen erbrächten.

Was zeigt dieses Experiment? Die Einstellung von Erwachsenen zu Kindern, die sich auch verbal äußert, spiegelt sich im Verhalten der Kinder wider. Wenn Fachkraft Lina bereits abgespeichert hat, dass Aaron immer trödelt, wird er kooperieren, indem er diese Erwartung erfüllt.

Was könnte Lina stattdessen tun?

Die Kinder kommen mit unterschiedlichem Temperament, unterschiedlichen Erfahrungen und Hintergründen in die Kita. Die Aufgabe der Fachkraft ist es, jedes Kind mit seinem individuellen Wesen wahrzunehmen und anzunehmen. Kinder brauchen jeden Tag aufs Neue die Freiheit, sich auszuprobieren, in verschiedene Rollen zu schlüpfen und herausfinden zu dürfen, wer sie sind und was sie ausmacht. Sich in einer Situation „trödelnd" zu verhalten bedeutet nicht, dass das Kind ein Trödler ist – immer und in jedem Moment.

Sich selbst und die eigenen Vorurteile reflektieren

Warum könnte Lina das Stigma „Trödler" in der beschriebenen Situation benutzt haben? Es gibt hier mehrere Möglichkeiten:

- **Biografische Erfahrungen:** Lina kennt es aus ihrer eigenen Familie oder aus ihrer Ausbildungszeit, dass Kinder häufig mit verallgemeinernden, negativen Namen belegt werden, und hält ihre Worte deshalb für normal.
- **Trigger reflektieren:** Lina erlebt in der Situation mit Aaron etwas, dass bei ihr (unbewusste) schmerzhafte Erinnerungen auslöst. Sie selbst könnte eine „Trödlerin" gewesen und deshalb herabgewürdigt worden sein. Tiefliegende Glaubenssätze kommen zum Tragen.
- **Glaubenssätze hinterfragen:** Lina könnte glauben, dass Kinder auf sie hören und sie respektieren müssen. Sie hat vielleicht das Gefühl, provoziert und nicht ernst genommen zu werden. Dahinter befinden sich Glaubenssätze wie „Ich genüge nicht!", „Ich werde nicht respektiert!", „Ich werde nicht gesehen!". Dafür kann jedoch Aaron nichts. Er ist nur der Auslöser für Linas Gefühle, nicht aber die Ursache (vgl. Fritsch 2012, S. 15). Für ihre Überforderung sollte sie selbst die Verantwortung übernehmen.
- **Eigene Bedürfnisse beachten:** Es könnte sein, dass bei Lina eigene Bedürfnisse unerfüllt sind und ihr körpereigenes Alarmsystem aktiv ist. Dann ist es wichtig, dass sie sich um sich selbst kümmert, um wieder für andere da sein zu können (vgl. Wedewardt & Hohmann 2021, S. 110ff.).
- **Eigene Vorurteile reflektieren:** Es ist wichtig, sich immer wieder der eigenen Vorurteile bewusst zu werden. Warum denke

ich eigentlich, dass Aaron ein Trödler ist? Gibt es noch weitere „Labels", die ich zu bestimmten Kindern oder auch Kolleginnen und Kollegen im Kopf habe?

Im Nachhinein könnte Lina sich selbst reflektieren und überlegen: Welche biografischen Einflüsse spielen bei mir eine Rolle? Was triggert mich genau und warum eigentlich? Macht es mich besonders wütend, dass Aaron mich nicht respektiert? Was führt dazu, dass ich mir über die Etikettierung Luft verschaffen möchte? Möchte ich die Verantwortung auf das Kind übertragen? Welche Bedürfnisse habe ich? Ist es das Bedürfnis nach Ruhe, Erholung, Unterstützung, Wertschätzung, Anerkennung, das Bedürfnis, gesehen und gehört zu werden? Wie kann ich mir diese Bedürfnisse erfüllen?

Im **akuten Moment** ist es für Lina wichtig, wahrzunehmen, dass Aaron auch Bedürfnisse hat, die nicht erfüllt sind. Das Trödeln ist eine Strategie, um sich ein eigenes Bedürfnis zu erfüllen. Dieser Perspektivwechsel ist wichtig, damit Lina anders auf die Situation blicken und sich in Aaron einfühlen kann. Lina darf verstehen, dass sowohl sie selbst als auch Aaron mit ihren Worten und Verhaltensweisen ausdrücken, dass ein Bedürfnis unerfüllt ist.

Verstehende Sprache

Lina könnte in der Garderobensituation zunächst für Unterstützung sorgen und eine Kollegin bitten, schon einmal mit den anderen Kindern in den Garten zu gehen. Dann kann sie sich Aaron ohne Druck widmen. Statt Aaron als Trödler zu bezeichnen, könnte Lina versuchen zu verstehen, welche Bedürfnisse er sich zu erfüllen versucht.

Lina fragt nach: „Aaron, du sitzt hier und ziehst dich nicht an (wertfreie Beobachtung). Ich vermute, du willst nicht rausgehen (ohne manipulierenden Tonfall, aus reinem Interesse)? Du würdest lieber hier drinnen bleiben, oder?"

Lina könnte auch das sogenannte Ja-Matra anwenden, um die Bedürfnisse von Aaron herauszufinden (Wedewardt & Hohmann 2021, S. 60). Mit dieser Technik kann sie schrittweise erforschen, was Aaron dazu bewegt, nicht raus zu wollen. Immer, wenn er auf eine ihrer Fragen mit „Ja" antwortet, ist klar: Der Beweggrund wurde getroffen. Antwortet er mit „Nein", wurde seine Intention verfehlt. Während dieses Prozesses können bereits wichtige psychische Bedürfnisse von Aaron nach Anerkennung und Wertschätzung erfüllt werden. Auf diese Weise kann sich Aaron öffnen und ist eher bereit zur Kooperation, weil er in seinem Bedürfnis gesehen wurde.

LINA: Ich vermute, du möchtest lieber drinbleiben. Wolltest du noch weiterspielen?
AARON: Nein!
LINA: Ich glaube, du wolltest mit mir reden, stimmt's?
AARON: Ja! Und ich mag meine Jacke nicht, die kratzt!
LINA: Ach so. Da finden wir doch eine Lösung!

(Beide suchen im Anschluss an das Gespräch gemeinsam eine andere Jacke.)

Exkurs: Die Wörter „immer" und „nie"

Die Wirkungen dieser beiden Wörter sind groß. Ein Verhalten, das uns an einem Kind ärgert, verallgemeinern wir schnell und stellen es als **absolut** dar: „Musst du denn immer trödeln?" „Kannst du denn nie pünktlich sein?" Wir drängen die Kinder damit in eine Ecke und stigmatisieren sie mit ihrer Verhaltensweise. Wir formulieren eine Erwartung, die sich künftig als selbsterfüllende Prophezeiung manifestieren kann.

Zudem verwirren wir die Kinder, denn es stimmt nicht, dass sie **immer** ein bestimmtes Verhalten zeigen oder **nie** etwas tun. In Momenten des Ärgers mag es sich so anfühlen, es kommt jedoch darauf an, worauf wir unseren Fokus legen. Es gibt sicher gleichzeitig auch Verhaltensweisen des Kindes, das wir für angemessen einschätzen. Wir können unser Augenmerk steuern und entscheiden, wie wir auf die Welt blicken. Der Satz **„Immer** lässt du deinen Teller stehen!" kann zu „Ich sehe noch einen Teller auf dem Tisch stehen! Ich brauche einen freien Tisch, damit ich ihn abwischen kann!" werden. Und aus **„Nie** ziehst du deine Schuhe alleine an!" wird der Satz „Du brauchst vermutlich Unterstützung beim Schuhe-anziehen. Kann ich dir helfen?"

Von der Sprachgewalt zum Wörterzauber

STIGMA	VERSTEHEN
Du bist eine Zicke!	„Du willst nicht, dass ich dir die Jacke zumache, oder? Du willst das alleine machen und selbst bestimmen, kann das sein?"
Du Schlaumeier!	„Du erzählst mir ganz viele Dinge und kennst dich aus. Ich bin sehr neugierig, was du mir noch zu erzählen hast!" „Jetzt bin ich gerade dabei, Mia eine Geschichte vorzulesen. Magst du mir das vielleicht anschließend nochmal erzählen?" (Wenn es einem zu viel wird)
Du Petze!	„Danke, dass du mir Bescheid sagst! Du sorgst dich wohl, dass unsere Regeln nicht eingehalten werden." „Wir können gleich mal schauen, warum Nora sich nicht an die Regel halten konnte."

3 „Wenn du jetzt nicht ... dann!" Von der Androhung zur Empathie

Wenn die Zeit drängt, der Tagesplan eingehalten werden muss, wenn Kinder nicht kooperieren, nicht machen, was wir von ihnen wollen, geraten wir unter Druck. Hilflosigkeit und Ohnmacht im Umgang mit den Kindern kann schnell in Wut und Ärger umschlagen. Diese Gefühle der Überforderung münden dann nicht selten in Schimpfen oder Androhungen. Wie können Fachkräfte nun aus diesem Teufelskreis aussteigen, alten verinnerlichten Erziehungsmustern entkommen? Wie können sie mit solchen Überforderungsmomenten umgehen, ihre Impulse kontrollieren und sich letztlich gegen eine gewaltvolle Sprache entscheiden?

Das Beispiel

Die dreijährige Charlotte spielt gerade ganz vertieft mit den kleinen Autos, als Fachkraft Ben sie darum bittet, die Sachen einzuräumen, weil es gleich Essen gibt. Charlotte reagiert nicht auf sein mehrfaches Bitten und spielt weiter. Ben wird ärgerlich. Er versucht es noch ein paar Mal mit freundlicher Stimme: „Charlotte, bitte räum jetzt auf!" Dann platzt es plötzlich vor Wut aus ihm heraus: „Wenn du jetzt nicht aufräumst, darfst du nächstes Mal nicht mehr mit den Autos spielen!" Charlotte schaut erschrocken zu ihm auf, räumt schnell die Autos ein und kommt mit zum Essen.

Was ist hier passiert?

Die Worte „Wenn du jetzt nicht aufräumst, darfst du nächstes Mal nicht mehr mit den Autos spielen!" machen Charlotte Angst. Sie liebt es momentan, mit den Autos zu spielen und fürchtet, dieses Spielzeug in Zukunft entbehren zu müssen. Aus dieser Angst heraus macht Charlotte das, was Ben von ihr möchte – allerdings nicht, weil sie versteht oder verstanden wird, sondern nur, um der angedrohten Strafe zu entgehen.

Androhungen werden zum Teil noch immer als konsequentes Verhalten interpretiert. Wenn du A nicht machst, folgt B. Es handelt sich jedoch eher um eine Form der Strafe, weil dem Kind etwas Liebgewonnenes entzogen und eine Bedürfniserfüllung vorenthalten wird. Bei der Wenn-dann-Drohung nutzen Erwachsene das **Mittel der Angst**, um Kinder zu dem erwünschten Verhalten zu bringen: Nur, wenn das Kind sich so verhält, wie ich es will, erhält es das, was es braucht. Die Unterstützung zur Bedürfniserfüllung wird an Bedingungen geknüpft. Erwachsene helfen nur dann, wenden sich nur dann zu, geben nur dann Nähe, erfüllen Bedürfnisse nur dann, wenn das Kind ihre Erwartungen erfüllt.

Kinder lernen auf diese Weise: Nur, wenn ich so bin, wie es Andere von mir verlangen, werde ich gemocht, bekomme ich, was ich brauche. Es entsteht ein ungesundes Abhängigkeitsverhältnis, und das Kind verliert das Gefühl für sich, seine eigenen Bedürfnisse und seinen Willen. Es handelt sich also um eine Form der Strafe und somit um Gewalt (vgl. Maywald 2019; Kohn 2019).

Eine solche Drohung kann auch als adultistisch eingeschätzt werden. Erwachsene haben jederzeit die Möglichkeit, sich die eigenen Bedürfnisse selbst zu erfüllen und tun dies für gewöhnlich auch prompt. Wenn sie ihre Bedürfnisse nicht frühzeitig befriedigen können, werden sie unruhig und ungehalten. Kinder sind hingegen von den Erwachsenen abhängig und brauchen ihre Unterstützung, damit die eigenen Bedürfnisse erfüllt werden können. Wenn die Not dann nicht gesehen wird und ihre Bedürfniserfüllung von bestimmten Voraussetzungen abhängt, können Kinder in echte Verzweiflungsmomente geraten, aus denen sie allein nicht herauskommen. Zudem verlieren sie über kurz oder lang den Bezug zu ihren Bedürfnissen.

Was könnte Ben stattdessen tun?

Wenn-dann-Sätze rutschen Erwachsenen immer dann heraus, wenn sie nicht mehr weiterwissen, sich machtlos oder hilflos fühlen, wenn sie keine Möglichkeit haben, die Situation anders zu lösen, selbst einen inneren Druck spüren und eigene Bedürfnisse unerfüllt sind. Ihnen fehlen dann eventuell Wertschätzung und Kooperation, die sie sich von den Kindern erhoffen. Stattdessen erleben sie Ablehnung und Verweigerung – das schmerzt und macht hilflos.

Zunächst einmal sollten Fachkräfte sich im Alltag beobachten, um herauszufinden, in welchen Situationen sie zu drohen beginnen, welche Umstände dazu führen. Ben könnte sich zum Beispiel Unterstützung holen, weil er merkt, dass die Überforderung ihn handlungsunfähig macht. Bevor Ben einen Wenn-dann-Satz verwendet, ist es wichtig, dass er sein Vorhaben bemerkt und stoppt:

- **Selbsteinfühlung:** Wenn Ben die innere Stopp Taste gedrückt hat, befindet er sich für ein paar Sekunden in einem Entscheidungsraum. In diesem Raum, kann er eine achtsame Verbindung zu sich selbst aufnehmen. Das ist durch ein tiefes Ein- und Ausatmen möglich, durch das Zählen von Gegenständen, das Aufsagen der Zweierreihe oder ähnliche „Exitstrategien", mithilfe derer eine Beruhigung des Gehirns eintreten kann.
- **Bedürfnis des Kindes reflektieren:** Als nächstes könnte Ben sich bewusst machen, welches Bedürfnis sich Charlotte gerade erfüllen möchte (vgl. Bedürfnistabelle, Seite 111).

- **Eigenes Bedürfnis reflektieren:** Genauso wichtig ist es, dass Ben überlegt, welches Bedürfnis er selbst hat. Dieses Bedürfnis kann er dann an Charlotte kommunizieren.

Wichtig ist, sich immer wieder deutlich zu machen, dass Kinder **Teamworker** sind und freiwillig kooperieren. Wenn ein Kind allerdings bedroht wird – dazu gehört auch der Druck der Wenn-dann-Sätze – schaltet sich das Stammhirn als Wächter ein und lässt das Kind instinktiv reagieren: flüchten, kämpfen oder erstarren. Alle drei Verhaltensweisen sind nicht unbedingt einer guten Zusammenarbeit dienlich. Kinder kooperieren dagegen gerne, wenn sie mit ihren Bedürfnissen gesehen und gehört werden.

Zu den ***Exitstrategien*** in stressigen, überfordernden Momenten zählen tiefes Ein- und Ausatmen, Gegenstände zählen, einen Hampelmann machen, Beine und Arme überkreuzen, sich schütteln, die Lippen aufeinanderpressen, singen, einen Schluck Wasser trinken, die Hände aneinander reiben.

Welche **alternativen Worte** Ben verwenden könnte, ist nicht ganz einfach zu beantworten. Zunächst einmal geht es um die grundsätzliche Entscheidung, ob er machtvoll und drohend sprechen möchte oder nicht. Entscheidet er sich dagegen, braucht es Reflexionsarbeit und die Auseinandersetzung mit sich selbst. Damit ist gemeint, sich über die eigene Biografie, die eigenen Triggerpunkte Gedanken zu machen und innere Glaubenssätze zu verstehen.

So könnte sich Ben in dieser Situation fragen: Warum werde ich immer wieder so wütend, wenn ein Kind nicht sofort aufräumt? Warum werde ich ärgerlich, wenn sich ein Kind nicht sofort anzieht, nicht aufisst, nicht teilt, nicht hört? Warum bringt mich genau diese eine Situation immer wieder so sehr auf die Palme, dass ich mich ohnmächtig fühle? Und letztlich: Was hat das mit mir selbst zu tun? Habe ich in diesem Zusammenhang Kränkungen erlebt? Kurzum: Für jede Situation, in der Wenn-dann-Drohungen genutzt werden, gibt es viele individuelle Lösungen, aber keine Pauschalrezepte. Jeder Erwachsene darf sich an dieser Stelle also motiviert fühlen, kreativ zu werden und Lösungswege zu entwickeln.

Grundsätzlich sollten sich pädagogische Fachkräfte immer wieder fragen: Welche **Werte** will ich vermitteln? Wenn ich machtvoll handele und spreche, verbleibt beim Kind die Botschaft „Der Mächtigere gewinnt", „Ich muss mich unterwerfen", „Menschen können andere manipulieren", „Mein Bedürfnis zählt nicht". Respektiert die Fachkraft dagegen ein Nein des Kindes, vermittelt sie die Botschaft „Ich darf Nein sagen und meine Grenzen zeigen!", „Ich werde gesehen und respektiert!", „Ich bin wichtig!".

Einfühlende Sprache

Statt zu sagen, „Wenn du jetzt nicht aufräumst, darfst du nächstes Mal nicht mehr mit den Autos spielen!", kann Ben ...

- sich in das Kind einfühlen und sagen (Einfühlung): Du willst gar nicht aufräumen, kann das sein? Ich habe das Gefühl, dass du am liebsten noch ewig weiter mit den Autos spielen würdest. Das macht dir so richtig viel Spaß. Ich habe beobachtet, wie gerne du in letzter Zeit mit diesen Autos spielst. Ich habe im Keller noch eine Autokiste entdeckt; vielleicht können wir die nach dem Essen raufholen. Was meinst du?" (Bedürfnisse des Kindes benennen und einen Kompromiss anbieten)
- zu sich selbst sagen (Selbsteinfühlung): Ich bin unter Druck, weil das Essen bald auf dem Tisch steht. Ich fühle mich nicht respektiert von Charlotte, weiß aber gleichzeitig, dass es nicht ihre Aufgabe ist, mir Wertschätzung und Respekt zu verschaffen; dafür bin ich selbst verantwortlich. Ich kann mir selbst Wertschätzung geben und zu mir sagen: Ich bin eine gute Fachkraft! Auch wenn wir es nicht rechtzeitig zum Essen schaffen, ist das in Ordnung.

Auf der Grundlage dieser Reflexion kann Ben dann zu Charlotte sagen: „Mir ist es wichtig, dass wir jetzt aufräumen, damit wir rechtzeitig beim Essen sind. Ich habe Sorge, dass das Essen kalt wird, weißt du?

Komm doch einfach nach, wenn du fertig gespielt hast. Wir warten auf dich im Kinderrestaurant. Wichtig ist mir, dass du die Autos noch in die Kiste räumst, bevor du rüberkommst. O.k.?"

Durch diese Art der einfühlenden Kommunikation fühlen sich beide gesehen und gehört, kommen in einen gleichwürdigen, authentischen Austausch, auf dessen Grundlage eine gemeinsame Lösung gefunden werden kann. Vielleicht entdecken Charlotte und Ben noch ganz andere gemeinsame Lösungen?

Falls Fachkräften doch eine Androhung herausrutschen sollte, ist es nie zu spät, die Worte zu bereinigen und **wieder eine Verbindung** zu den Kindern herzustellen. Auch wenn die Drohung bereits ausgesprochen ist, können wir immer noch die Stopptaste drücken, zu den betroffenen Kindern hingehen und sagen: „Ich habe eben angedroht, die Spielsachen wegzuschmeißen, wenn ihr nicht aufräumt. Das werde ich selbstverständlich nicht tun. Es ist mir wichtig, euch keine Angst zu machen und euch ernst zu nehmen. Ich war eben so hilflos und verärgert, weil ich das Gefühl hatte, alles alleine aufräumen zu müssen. Würdet ihr mir eben noch helfen, die Autos in die Kiste zu räumen? Darüber würde ich mich wirklich freuen."

Wenn Fachkräfte auf diese Art ihre Androhung unterbrechen, erhalten Kinder gleich mehrere wertvolle Botschaften: „Jeder Mensch kann Fehler machen", „Auch wenn mir etwas nicht gut gelingt, ist das in Ordnung", „Wir müssen nicht perfekt sein", „Es gibt immer die Möglichkeit, aus einem Verhalten auszusteigen", „Ich kann Verantwortung für mein Handeln übernehmen", „Auch Erwachsene haben Gefühle" und vieles mehr. Dadurch können Nähe und Verbindung entstehen.

Von der Sprachgewalt zum Wörterzauber

ANDROHUNG	EINFÜHLENDE SPRACHE
Wenn du dich jetzt nicht anziehst, bleibst du drinnen!	„Du möchtest im Haus bleiben, weil du dein Bild fertig malen willst, oder? Möchtest du es draußen fertig malen?"
Wenn du Joe jetzt nicht in Ruhe lässt, setze ich dich weg!	„Stopp, Joe mag nicht, wenn du ihn mit der Gabel pikst. Das tut ihm weh. Es macht dir Spaß, wenn Joe so aufschreit, stimmt's? Jetzt möchte er in Ruhe essen!"
Wenn du dich abgeregt hast, kannst du wieder reinkommen!	„Du bist wütend, das sehe ich. Ich bin für dich da und helfe dir."

4 „Weil ich es sage!" Verbalen Adultismus reflektieren

Kinder in einen Dialog als gleichwürdige Gesprächspartner einzubeziehen ist noch immer eine Seltenheit. Beim Aushandeln von Bedürfnissen sind sie oft nur Befehlsempfänger und werden nicht gleichwürdig in den Prozess einbezogen. Wie kann es Fachkräften noch besser gelingen, auch in schwierigen Situationen mit Kindern eine gleichwürdige Gesprächsebene zu finden, in der Bedürfnisse in eine Waagschale gelegt und austariert werden?

Das Beispiel

Der dreijährige Tim möchte nicht mehr im Garten spielen. Er will ins Haus gehen. Als er bereits an der Tür steht, ruft seine Erzieherin Emely: „Stopp, Tim, wo willst du denn hin?" Tim antwortet, dass er gerne reingehen möchte. Emely erwidert: „Bitte bleib hier! Wir gehen noch nicht rein!" Tim möchte verstehen und fragt: „Aber warum?" Emely antwortet: „Weil ich es sage!" Tim steht verdutzt da, dann läuft er traurig weg.

Was ist hier passiert?

Emely betrachtet Tim in der beschriebenen Situation nicht als gleichwürdigen Gesprächspartner, der mit seinen Bedürfnissen Raum erhalten darf. Sie stellt sich verbal über ihn und übt Macht aus. Emely verwendet eine adultistische Sprache.

Der Begriff ***Adultismus*** leitet sich vom englischen Wort „adult" ab und bedeutet „Erwachsener". Die Endung „-ismus" weist auf ein gesellschaftlich verankertes Machtsystem hin. Adultismus beschreibt also eine Machtungleichheit zwischen Kindern und Erwachsenen, bei der die Kinder aufgrund ihres Alters diskriminiert werden (vgl. Ritz 2020, S. 185).

„Weil ich es sage!"

In der Kommunikation hält Emely Informationen und Erklärungen zurück, die für Tim jedoch wichtig wären, um die Situation zu verstehen. Der Satz „Weil ich es sage!" sendet die Botschaft, dass Tim nicht gleichberechtigt in den Entscheidungsprozess einbezogen und ihm eine gleichwürdige Aushandlung vorenthalten wird. Emely macht nicht transparent, was zu der Entscheidung geführt hat, welche Bedürfnisse eine Rolle spielen und welchen Nutzen Tim davon hat. Sie benutzt also eine bestimmende Sprache und lässt keine Mitbestimmung zu. Der adultistische Satz „Weil ich es sage!" trägt dazu bei, Tim zu verdeutlichen, dass er nicht partizipieren darf und kann. Emely stellt sich damit machtvoll über Tim, entscheidet für ihn und stellt dadurch ein Machtungleichgewicht her.

„Du bist dafür zu klein!"

Adultistisch ist es zum Beispiel auch, wenn Erwachsene Kindern wenig zutrauen und ihnen Fähigkeiten absprechen: „Das Klettergerüst ist nur was für die Großen. Du bist dafür zu klein!" Die Botschaft lautet: „Weil du zu klein/jung bist, hast du nicht die gleichen Rechte!" Wenn Erwachsene Kindern von vornherein absprechen, etwas zu meistern, was sie sich selbst zutrauen, werden Kinder in ihrer Entwicklung gehemmt und verlieren auf längere Sicht das Vertrauen in ihre eigenen Fähigkeiten: „Andere wissen besser, was für mich gut ist. Ich selbst kann es nicht wissen. Ich bin zu klein!"

„Wenn Erwachsene reden, haben Kinder Sendepause!"

Diese adultistischen Worte bilden einen klassischen Erziehungsleitsatz, der über viele Jahrzehnte im Sprachgebrauch der Erwachsenen verankert war. In Zeiten autoritärer Erziehung war das Ungleichgewicht zwischen Erwachsenen und Kindern noch weitaus größer als heute. Und doch tritt es als Erbe vergangener Generationen immer noch in ähnlicher Form auf. Erwachsene stellen sich mit Formulierungen dieser Art über das Kind. Die Botschaft ist, dass eine erwachsene Person das Recht hat, einem Kind zu sagen, wann es sprechen darf und wann nicht. Vergleichen wir diese Worte mit einer Konversation mit dem eigenen Partner, fällt auf, dass wir vermutlich niemals formulieren würden: „Wenn wir reden, hast du nichts zu sagen!".

Es sind bereits die kleinen Sätze, die ausdrücken, ob eine ebenbürtige Beziehung möglich ist oder nicht. Weitere adultistische Sätze wie „Du bist doch kein Baby!", „Du benimmst dich wie ein kleines Kind!" oder „Du bist ja kindisch" werten sowohl das betroffene Kind als auch das Kindsein im Allgemeinen ab. Das Kind wird in seinem Selbst und in seiner Würde nicht wertgeschätzt.

Was könnte Emely stattdessen tun?

Erwachsene haben aufgrund ihrer körperlichen, wirtschaftlichen und erfahrungsbezogenen Überlegenheit Macht gegenüber Kindern. Das ist unbestritten. Dieses **Machtgefälle** hat nicht nur negative Eigenschaften. Es macht sogar Sinn, um die Kinder zu schützen, sie zu führen und in ihrer Entwicklung zu begleiten.

Entscheidend ist jedoch, wie Erwachsene mit dieser ihnen zuteil gewordenen Macht verfahren. Sie können verantwortlich mit ihr umgehen, sie zum Wohle des Kindes nutzen und eine respektvolle Sprache wählen oder aber sie nutzen ihre Macht aus und verwenden sie zum Nachteil des Kindes.

Auch in diesem Beispiel dürfen wir Verständnis für die Fachkraft aufbringen, statt sie zu verurteilen. Emely handelt aus eigenen Erfahrungen heraus, die nicht reflektiert wurden. Das bedeutet jedoch nicht, dass adultistische Sprache gerechtfertigt werden darf.

Ebenso wichtig wie das Verständnis für Emely ist der Schutz von Tim. Er sollte keiner adultistisch-diskriminierenden Sprache ausgesetzt sein, denn sie kann sein Selbstbild nachhaltig prägen. Die Aufgabe pädagogischer Fachkräfte ist es schließlich, Kindern ein Weltbild vorzuleben, in dem **jeder Mensch gleichwürdig behandelt** wird, jeder ein empathisches Feedback bekommen darf und so gesehen wird, wie er ist. Emely sollte sich also einer Sprache bedienen, durch die deutlich wird, dass sowohl Tim als auch sie selbst mit ihren jeweiligen Bedürfnissen gesehen werden und beide ihre Würde behalten. Um eine gleichwürdige Kommunikation zu leben, ist es also wichtig, dass Emely sowohl die Gefühle und Bedürfnisse von Tim versteht als auch ihre eigenen Bedürfnisse mit in die Waagschale legt. Zunächst sollte sie sich in Tim einfühlen und dann auch ihr eigenes Anliegen als gleichwertig mit einbringen.

Gleichwürdige Kommunikation

Tim möchte nicht mehr draußen im Garten bleiben und lieber ins Haus gehen. Emely bemerkt, dass Tim zur Tür läuft. Nun könnte sie zu ihm gehen, in die Hocke gehen, ihn interessiert anschauen und sich ihm widmen:

EMELY: Tim, was ist los? Willst du schon reingehen?
TIM: Ja.
EMELY: Du magst wohl nicht mehr draußen bleiben?
TIM: Nein.
EMELY: Ich vermute, dass du noch traurig bist, weil Lotte dir das Auto weggenommen hat. Ist es das?
TIM: Ja, sie ist echt gemein.
EMELY: Du ärgerst dich deshalb noch sehr über Lotte, stimmt's?
TIM: Ja.
EMELY: Deshalb möchtest du reingehen, ich verstehe. Gleichzeitig ist es so, dass ich momentan nicht mit dir reingehen kann. Es ist

mir aber wichtig, dass jemand auf dich aufpassen kann. Sonst würde ich mir Sorgen machen, dass dir etwas passiert. Was machen wir denn jetzt? Hast du eine Idee?

TIM: Spielst du mit mir Tankstelle?

EMELY: Na klar.

Bei dieser Art des Gespräches werden die Gefühle und Bedürfnisse aller Beteiligten ernst genommen – sowohl die Bedürfnisse, Gefühle und Grenzen der Fachkraft Emely als auch die von Tim (vgl. Wedewardt & Hohmann 2021). Die Beteiligten sprechen auf Augenhöhe miteinander, ohne dass einer sich verbal machtvoll über den anderen stellt. Emely unterstützt Tim dabei, zu verstehen, was in ihm vorgeht, bringt jedoch auch ihre Bedürfnisse nach Sicherheit mit in den Dialog ein.

Exkurs: Das Wörtchen „aber"

Um auf Augenhöhe zu kommunizieren, werden die Bedürfnisse beider Seiten gleichwertig „auf den Tisch gelegt" und ausgehandelt – sowohl die der Fachkraft als auch die der Kinder. Wenn ein Kind zum Beispiel toben möchte, gerade jedoch die Ruhezeit beginnt, prallen zwei unterschiedliche Bedürfnisse aufeinander: Spiel und Spaß versus Ruhe und Erholung.

Nun könnte die Fachkraft sagen: „Ich verstehe, dass du toben möchtest, **aber** jetzt ist Ruhezeit!" Mit diesem Satz drückt sie zunächst eine vermeintliche Akzeptanz des kindlichen Bedürfnisses aus. Es handelt sich jedoch nur um eine **Pseudo Akzeptanz,** denn das „Aber" bewirkt, dass der erste Teil des Satzes weggewischt wird. Das Bedürfnis des Kindes scheint weniger wichtig zu sein. Das kleine Wörtchen „aber" sorgt also dafür, dass die Verbindung verlorengeht und ein echten Dialog nicht mehr möglich ist.

Anstatt das Wort „aber" zu verwenden kann die Fachkraft die Begriffe **„und"** bzw. **„gleichzeitig"** benutzen. Diese Worte lassen erkennen, dass die Bedürfnisse beider Parteien relevant sind und nebeneinander existieren dürfen.

Der Satz „Ich verstehe, dass du toben möchtest, **aber** jetzt ist Ruhezeit!" wandelt sich dann in „Du brauchst gerade viel Bewegung **und** die anderen Kinder wollen sich jetzt ausruhen, sie brauchen Ruhe" oder „Du möchtest noch spielen, das sehe ich, **gleichzeitig** ist es mir wichtig, dass wir uns alle ein bisschen erholen".

Von der Sprachgewalt zum Wörterzauber

ADULTISTISCHE SPRACHE	GLEICHWÜRDIGE SPRACHE
Sei nicht so kindisch! (wenn das Kind sich vor Wut auf den Boden wirft)	„Du scheinst sehr wütend zu sein. Vermutlich bist du verärgert, weil ich dir eben nicht erlaubt habe, die Werkzeuge rauszuholen?"
Weil ich das so will!	„Du möchtest verstehen, warum ich diese Entscheidung treffe, stimmt's?"
So sprichst du nicht mit mir!	„Du ärgerst dich über mich. Deshalb sagst du „Du bist doof" zu mir, oder?"

5 „Die Jungs schon wieder!" Geschlechtersensible Sprache nutzen

Wie Erwachsene mit Jungen und Mädchen sprechen, prägt ihr Bild von sich selbst. Werden stereotype Geschlechterbilder und Rollenzuschreibungen in der Sprache verwendet, werden Kinder in ihrer **Identitätsentwicklung stark eingeengt.** Wird die eigene Geschlechtersprache jedoch ausreichend reflektiert, ist es möglich, ihnen die Freiheit zu schenken, unvoreingenommen auf die Suche nach sich selbst zu gehen.

Wer den Kita-Alltag genauer beobachtet, wird feststellen, dass mit Jungen zum Beispiel immer noch weniger über Gefühle gesprochen wird als mit Mädchen. Jungen werden auch andere Persönlichkeitseigenschaften zugesprochen als Mädchen. Verhaltensweisen wie aggressiv, dominant, laut, aktiv, clever, abenteuerlustig, selbstbewusst, hart, rational, grob, ehrgeizig, furchtlos, entschlussfreudig und überlegen sind häufig mit dem Bild eines Jungen verbunden. Als weiblich hingegen gelten Eigenschaften wie freundlich, sensitiv, ordentlich, geduldig, schwach, hilfsbereit, liebevoll, charmant, erregbar, sentimental, verständnisvoll, warm, loyal, leichtgläubig, mitfühlend, rücksichtsvoll und herzlich (vgl. Merten 2003, S. 151).

Mit diesem Geschlechterbild im Hinterkopf kommt es dazu, dass die Kinder fast unbemerkt, in wenigen Worten von den Erwachsenen erfahren, wie sie als Junge oder Mädchen sein sollen, welche Erwartungen an sie gerichtet werden, was sie ausmacht und wer welche Rolle übernimmt. Denn: Wenn Kinder heranwachsen, sammeln sie „einen Vorrat an Informationen, Meinungen und Überzeugungen, die mit dem Geschlecht zusammenhängen" (Maccoby 2000, S. 194). Durch Worte können also blitzschnell Geschlechterstereotype weitergetragen und reproduziert werden. Eine geschlechtssensible Sprache trägt ihren Teil dazu bei, dass dieser Kreislauf durchbrochen werden kann.

Das Beispiel

Im Garten beginnt eine Rauferei. Fred und Liam streiten sich im Sandkasten und bewerfen sich im Eifer des Gefechts mit Sand. Es bildet sich eine Kindergruppe um die Jungen herum. Fachkraft Marina sagt etwas genervt zu sich selbst: „Die Jungs schon wieder.“ Sie läuft zu Fred und Liam und sagt: „Schaut mal, die Mädchen spielen da drüben ganz friedlich! Könnt ihr das nicht auch!?“

Was ist hier passiert?

Marina ist genervt, schließlich musste sie an diesem Tag vielleicht bereits unzählige Konflikte begleiten. Ihre Kraftreserven lassen nach und ihr Stresslevel steigt. Vermutlich fühlt sie sich unsicher in der Begleitung von Konflikten. Ihr fehlen die konkreten Handlungsstrategien, um sich im Umgang mit Konflikten sicher zu fühlen. Ihr innerer Stresslevel führt dazu, dass sie einen Satz sagt, der für die Sichtweise der Kinder auf Geschlechtereigenschaften prägend sein kann. Sie verwendet die Worte „Die Jungs schon wieder“ und nutzt damit eine genderspezifische Zuschreibung.

Genderprägende Sätze rutschen immer wieder **unbewusst** über die Lippen, wenn sie nicht ausreichend reflektiert und bewusst gemacht worden sind. Nicht selten sind Menschen durch ihre eigenen (Kindheits-)Erfahrungen geprägt, sodass sich Stereotype wie von alleine den Weg in die Sprache suchen. Marina merkt vermutlich nicht, dass sie genderstereotype Worte genutzt hat. Es ist jedoch wichtig, dass Fachkräfte sich dafür sensibilisieren, denn sie prägen Kinder in ihrer Geschlechtsidentität. Mit genderdiskriminierenden Worten wird eine Kategorisierung vorgenommen, die das Geschlechterrollenbild der Kinder unmittelbar beeinflusst – in unserem Beispiel nicht nur das der Jungen, sondern all der Kinder, die zuhören.

„Typisch Jungs!“

Die Verwendung von Sätzen wie „Typisch Jungs!” oder „Die Jungen wieder!”, wenn die Kinder raufen, kämpfen oder laut sind, beeinflusst sie in ihrer freien Entfaltung. Vielmehr werden sie dadurch von außen gelenkt und in ihrem Rollenverständnis sowie in ihrem Geschlechterbild geprägt. Kinder merken sich die Botschaft: Jungs sind laut, aggressiv, streiten oder kämpfen gerne. Darüber hinaus prägen sich Glaubenssätze wie „Ich bin ein Junge, ich soll kämpfen!”, „Ich bin ein Junge und soll laut sein!” – oder aber im Umkehrschluss: „Ich bin ein Mädchen, ich darf nicht laut sein!”, „Ich bin ein Mädchen und sollte nicht kämpfen!”. Je nachdem, welche Eigenschaften für Jungen oder Mädchen als „typisch” eingeschätzt und formuliert werden, integrieren Kinder dieses Rollenbild in ihr Weltbild.

„Schaut mal, die Mädchen spielen da drüben ganz friedlich! Könnt ihr das nicht auch!?“

Mit diesem Satz findet nicht nur eine Zuschreibung von Eigenschaften zu einem Geschlecht statt, sondern zusätzlich ein Vergleich. Es werden Botschaften transportiert, die besagen: „Raufen ist schlecht!”,“ „Konflikte dürfen nicht sein!”, „Mädchen sind besser als Jungen, weil sie nicht raufen!”. Der Vergleich frustriert und bewertet das Verhalten der Jungen im Vergleich mit den Mädchen als schlechter. Das wirkt sich unter Umständen auf das Selbstbild, den Selbstwert und die innere Motivation der Jungen aus.

„Hör auf zu weinen!“

Noch immer wird mit Jungen durchschnittlich seltener über Gefühle gesprochen als mit Mädchen (vgl. Kuebli u.a. 1995). Auch Worte, die Gefühle kleinmachen oder absprechen, werden häufiger an Jungen gerichtet als an Mädchen. Wenn wir Sätze zu Jungen sagen wie „Hör auf zu weinen!“ vermitteln wir ihnen, dass ihr Weinen nicht erlaubt ist. Das erzeugt Druck auf vielen Ebenen: Die Jungen erhalten Botschaften, die schmerzen: „Ich darf nicht zeigen, wenn es mir nicht gutgeht!”, „Ich sollte meine Gefühle lieber herunterschlucken!” oder gar „Ich bin falsch!”. Gefühle zu unterdrücken kann sich jedoch ungesund auf den Menschen auswirken.

Menschen verlieren den Kontakt zu sich, den eigenen Gefühlen und den dahinter liegenden Bedürfnissen. Nicht selten tragen Männer folglich das Glaubenskonstrukt in sich: „Ich muss stark sein und darf keine Schwäche zeigen!“

Über Sprache wird manchmal auch ein geschlechterspezifisches Rollenbild konstruiert, das auf den ersten Blick nicht erkennbar ist. Wenn Fachkräfte zum Beispiel sagen „Wir können ja die Mama später fragen, ob sie das Loch in der Hose wieder zunäht" prägen sie eine Vorstellung der Kinder davon, welche Aufgabenverteilungen zwischen Mutter und Vater, also Mann und Frau, üblich sind. Die Mutter scheint so fürs Nähen zuständig, während der Vater angefragt wird, den Bau des Klettergerüstes zu unterstützen. Geschlechtsspezifische Worte sind zum Teil tief in uns verankert und fallen oft unbewusst, ohne böse Absicht; hier ist es wichtig, die eigene Sprache genau zu beobachten.

Was könnte Marina stattdessen tun?

Jeder Mensch möchte so gesehen werden, wie er ist – unabhängig davon, ob die Eigenschaften zu seinem Geschlecht passend erscheinen oder nicht. Gerade in der heutigen Zeit, in der es zunehmend normal wird, über sein Geschlecht zu entscheiden, die Freiheit zu besitzen, das Geschlecht zu wechseln oder gar keines zu wählen, sollten Fachkräfte ihre Vorurteile hinterfragen und sich öffnen für das, was die Realität ausmacht. Kinder wollen sich frei entfalten können und sich ausprobieren, sie wollen mal Junge sein und mal Mädchen, erkunden, was sich weiblich und was sich männlich anfühlt, ein Kleid tragen genauso wie sich als Feuerwehmann verkleiden. Sie wollen herausfinden, was möglich ist und was nicht.

In diesem Prozess der Exploration sollten Fachkräfte sie wertfrei unterstützen. Kinder wollen sich ein Bild von der Welt machen. Wenn Erwachsene sie dabei von Beginn an zu sehr einengen, sind sie in ihrer

Möglichkeit beschränkt, sich eine eigene Vorstellung über Geschlechterbilder und Geschlechtsidentität(en) zu machen.

Die Reflexion eigener Gedankenmuster und des eigenen Weltbildes bietet die Grundlage dafür, offen mit der Exploration der Kinder umzugehen. Mit der Reflexion der eigenen Stereotype sollte auch die **Reflexion genderbewusster Sprache** einhergehen, um verbale Rollenklischees zu vermeiden.

Marina könnte sich auf verschiedenen Ebenen reflektieren:

- **Eigene Sprache beobachten:** Die Fachkraft könnte sich im Alltag beobachten, um zu bemerken, welche geschlechterstereotypen Worte/Formulierungen sie häufig verwendet, um sie nach und nach zu reduzieren.
- **Eigene Gefühle beobachten:** Marina könnte in sich hineinspüren und überlegen, welche Gefühle es in ihr auslöst, wenn Jungen weinen, Jungen Prinzessin spielen, sich schminken oder Mädchen wütend werden und kämpfen. Sie könnte sich fragen: Werde ich selbst wütend? Bekomme ich dann Angst? Vor was habe ich genau Angst? Was ist es, das mich gerade so wütend macht? Erneut gilt es zu bedenken: Die Kinder sind nur der Auslöser für diese Gefühle, nicht jedoch die Ursache.
- **Eigene biografische Prägungen einbeziehen:** Starke Gefühle wie Wut oder Angst können auf eigene schmerzhafte Erinnerungen hinweisen. Deshalb ist es wichtig, dass Marina überlegt, welche genderspezifischen Prägungen sie selbst erlebt hat. Was bestimmt noch heute ihr Denken hinsichtlich Geschlecht und somit auch ihre Sprache?

In der konkreten Situation empfiehlt es sich, den Streit der beiden Jungen so zu begleiten, dass deutlich wird, was sie wütend gemacht hat und welche Bedürfnisse bei ihnen unerfüllt sind. Dabei sollte Marina Zuschreibungen vermeiden und die **Jungen annehmen, wie sie sind** – mit ihren Gefühlen und Bedürfnissen.

Sprachlich begleitete, bedürfnisorientierte Konfliktlösung

Wenn Liam und Fred sich mit Sand bewerfen und sichtlich in einem für sie unlösbaren Konflikt feststecken, könnte Marina sie mithilfe der Gewaltfreien Kommunikation begleiten. Sie könnte zunächst deutlich sagen: „Stopp, lasst den Sand im Sandkasten liegen!" (Signal)

Hier wird verdeutlicht, dass Sandwerfen keine geeignete Strategie ist, um einen Streit zu klären: „Jetzt hat Liam Sand im Auge und das tut weh." (Beobachtung)

Beide Jungen werden von Marina getröstet; eventuelle Kratzer werden versorgt, der Sand aus den Augen gewaschen.

Wenn die Kinder sich ein wenig beruhigt haben, könnte Marina sagen: „Ihr seht beide sehr wütend aus. Ärgert ihr euch übereinander?" oder „Du siehst traurig aus", je nachdem, welche Gefühle gerade aktiv sind. (Gefühle benennen) „Wollen wir versuchen herauszufinden, was euch so wütend gemacht hat?" (Unerfüllte Bedürfnisse verstehen und Lösungen finden).

Marina könnte beide Jungen bitten, ihr die Situation jeweils aus seiner Perspektive zu beschreiben. Sie wird das, was sie gehört hat, mit ihren Worten wiederholen und nachfragen: „Habe ich das richtig verstanden?"

Wenn Liam und Fred ihre Sicht der Dinge geschildert haben, können alle gemeinsam überlegen, wie sie die Situation lösen und alternativ handeln könnten. So lernen die Kinder neue Strategien kennen, mit denen sie ihrem Ärger Luft machen und ihn konstruktiv einsetzen können (vgl. Rosenberg 2016).

Exkurs: Studie über gendergerechte Sprache

Wie einflussreich geschlechtergerechte Sprache ist, zeigt eine Studie der Deutschen Gesellschaft für Psychologie (DGPs). 591 Kindern im

Alter von sechs bis zwölf Jahren wurden Berufsbezeichnungen vorgelesen, die sie im Anschluss bewerten sollten. Es zeigte sich: Wenn Berufe geschlechtergerecht benannt wurden, zum Beispiel „Ingenieurinnen und Ingenieure", schätzten die Kinder diese Ausbildungen als erreichbarer ein. Wurde hingegen nur die männliche Form verwendet, gaben deutlich weniger Kinder an, diesen Beruf später einmal ergreifen zu wollen. Daraus lässt sich schließen, dass die Sprache der Erwachsenen auch einen wichtigen Einfluss auf Zukunftspläne/die Berufswahl der Kinder hat.

Von der Sprachgewalt zum Wörterzauber

GESCHLECHTER-ZUSCHREIBEND	GENDERSENSIBEL
Mädchen sind doch eigentlich ruhiger.	„Ihr seid so laut und ausgelassen. Darüber freue ich mich." „Ihr tobt hier laut und wild. Ich glaube für Fine ist es zu laut. Schaut, sie hält sich schon die Ohren zu. Könnt ihr im Turnraum toben?"
Willst du der Cowboy sein? (zu einem Jungen)	„Du darfst frei wählen, ob du die Prinzessin, den Cowboy oder das Pferd spielen möchtest."
Da können bestimmt die starken Jungs helfen! (wenn z.B. etwas Schweres getragen werden soll)	„Wer möchte tragen helfen?" (unter der Annahme, dass jeder helfen darf)

6 „Mach mich nicht traurig!" Manipulation vermeiden

Durch Sprache nehmen wir Einfluss auf unser Gegenüber. Wir können nicht vermeiden, den anderen durch unser gesprochenes Wort in seinem Denken und in seiner Wahrnehmung zu beeinflussen. Menschen können jedoch entscheiden, ob sie ihre Sprache bewusst einsetzen, um das Gegenüber in seinem Sein zu stärken, positive Glaubenssätze zu fördern, oder aber, um zu manipulieren. Die verhalten drohende Sprache ist zum Beispiel eine Form der Manipulation, die negativen Einfluss auf hat Gegenüber hat, weil es sich aus Angst anpassen muss (vgl. Kapitel 3).

Bei ***Manipulation*** handelt es sich um ein undurchschaubares, geschicktes Vorgehen, mit dem sich jemand einen Vorteil verschafft, etwas Begehrtes zu gewinnen.

Das Beispiel

Beim Mittagessen stochert Robin in seinem Reis herum. Er wirkt lustlos und kriegt keinen Bissen herunter. „Komm schon, Robin, iss mal was!", sagt die Erzieherin Ines. Aber Robin möchte nicht. Er lässt seinen Löffel neben dem Teller liegen. „Wenn du was isst, wirst du groß und stark!", bekräftigt Ines. Als fast alle Kinder mit dem Essen fertig sind, wird Ines unruhig. Ihr ist es wichtig, dass Robin etwas isst. Sie nimmt den Löffel und möchte ihn Robin in den Mund schieben: „Komm schon, mach mich nicht traurig! Jetzt iss einen Happen!" Doch Robin verschließt seinen Mund. Erst als Ines sagt „Du isst einen Löffel Reis und danach bekommst du ein Gummibärchen, o.k.?", probiert Robin.

Was ist hier passiert?

Ines versucht, mit den ihr zur Verfügung stehenden Mitteln Robin dazu zu bewegen, etwas zu essen. Sie macht sich sichtlich Sorgen und hat das dringende Bedürfnis, etwas Nahrung in Robin hineinzubekommen. Sie spürt einen inneren Druck, der sich schließlich über eine Sprache zum Ausdruck bringt, die Robin dazu bewegen soll, unbedingt etwas zu essen. Ines manipuliert ihn durch ihre Sprache, weil sie sich ohnmächtig und hilflos fühlt. Sie möchte ihr gestecktes Ziel erreichen und weiß nicht wie. Manipulation äußert sich häufig als Belohnung, wirkt wie ein Locken oder Überreden. Manipulierende Sätze sind manchmal wenig greifbar und kaum wahrzunehmen, sie ploppen nur punktuell auf, ohne dass sie direkt zu fassen sind. Welche Spuren sie jedoch bei Kindern hinterlassen können, sollten Fachkräfte sich immer wieder bewusst machen.

„Wenn du was isst, wirst du groß und stark!“

Mit diesem Satz manipuliert Ines Robin in seinem Verhalten. Alle Kinder wollen groß und stark werden. Es gibt einen inneren Antrieb, der sie dieses Ziel verfolgen lässt. Wird ihnen dieses Ergebnis versprochen, tun sie einiges, um ihm näherzukommen. Andererseits kann die Angst aufkommen, klein zu bleiben. Der Satz könnte also auch dazu führen, dass Robin aus Angst tut, was Ines sagt. Dabei werden seine Gefühle und Bedürfnisse nicht berücksichtigt. Robin würde auch sein inneres Hungergefühl übergehen, um der Prophezeiung auszuweichen.

Um das Verhalten von Kindern zu verstehen, ist es also wichtig, auch dahinter zu blicken, um die tatsächlichen Motive zu ergründen und besprechen zu können. Weil Ines nur auf der Verhaltensebene bleibt, lernt Robin, dass seine Bedürfnisse nicht relevant sind. Er lernt viel eher, dass es wichtig und richtig ist, sich am Außen zu orientieren anstatt dem eigenen Gefühl zu vertrauen. Im Beispiel reagiert Robin nicht auf diesen manipulativen Satz, er versucht weiterhin unbewusst für sein Bedürfnis einzustehen. Er ignoriert die Aufforderungen von Ines – nicht um sie zu ärgern, sondern um für sein eigenes Wohl zu sorgen.

„Mach mich nicht traurig!“

Beim Satz „Komm schon, mach mich nicht traurig, jetzt iss einen Happen!” handelt es sich um eine **emotionale Manipulation.** Emotional manipulierende Sätze wie „Mach mich nicht traurig!” oder „Du enttäuschst mich!” führen häufig zum gewünschten Ziel, sie funktionieren hervorragend. Warum ist das so? Und welche Konsequenzen haben sie für Kinder?

Eine emotionale Erpressung funktioniert deshalb so gut, weil Kinder ihre Bezugspersonen in keinem Fall enttäuschen wollen. Ihnen ist sehr daran gelegen, die Zuwendung der Bezugsperson nicht aufs Spiel zu setzen, weil damit eine außerordentliche Bedrohung einhergehen würde. Sie sind auf ihre Bezugspersonen angewiesen. Ihr Verlust droht jedoch, wenn ein Kind sie traurig macht oder enttäuscht. Der Sicherheit wegen gilt es, das unbedingt zu verhindern. Aus Angst, den Kontakt zu Ines zu verlieren, würde Robin lieber tun, was sie sagt, als die Beziehung zu ihr zu riskieren. Die manipulative Aussage könnte für ihn eine so große Bedrohung darstellen, dass er es bevorzugt, seine Bedürfnisse zu übergehen und seine Grenzen zu missachten. Doch auch dieser Manipulation hält Robin stand, setzt sich für seine Bedürfnisse ein und wahrt seine Grenzen.

Emotionale Manipulation kann negative **Konsequenzen** für Kinder haben. Werden sie häufig emotional erpresst, erleben sie, dass es wichtig ist, darauf zu achten, wie es anderen geht. Daran ist zunächst nichts auszusetzen, schließlich ist Einfühlungsvermögen wichtig. Gleichzeitig lernen sie jedoch auch, dass sie eigene Bedürfnisse und Grenzen dafür hintanstellen müssen. Auf längere Sicht führt das dazu, dass sie sich nur noch am Außen orientieren und den achtsamen Umgang mit den eigenen Bedürfnissen verlernen. Es entsteht ein Abhängigkeitsverhältnis. Marshall Rosenberg (2016, S. 48) schreibt: „Üblich ist es, dass wir lernen, uns am Außen zu orientieren, vom Kopf her, von unseren Gedanken aus. Dabei entfernen wir uns von uns selbst, verlieren den Kontakt zu uns selbst.“ Erwachsene versuchen dann später wieder mühsam, sich aus Abhängigkeitsbeziehungen zu befreien und den Kontakt zu ihren eigenen Empfindungen zu lernen, um zufriedener sein zu können.

Woher sollte Robin in der Essenssituation wissen, was mit ihm los ist, warum er nichts essen will? Was hat ihn dazu veranlasst, das Essen zu verweigern? Was fühlte er in der Situation? Ines übergeht mit den manipulierenden Sätzen seine Bedürfnisse und nimmt ihm damit die Möglichkeit, mit sich selbst in Kontakt zu treten.

„Danach bekommst du ein Gummibärchen“

Das Verhalten von Robin wird mit dem Satz „Du isst einen Löffel Reis und danach bekommst du ein Gummibärchen“ durch eine versprochene Belohnung manipuliert. Die Botschaft lautet: „Wenn du dich so verhältst, wie ich es von dir möchte, bist du richtig und erhältst eine Belohnung!" An der Stelle sei darauf hingewiesen, dass es in jedem Fall nicht ratsam ist, Belohnungen mit Süßigkeiten zu verbinden. Zudem wird der Reis ab- und die Gummibärchen werden aufgewertet. Bei häufiger Anwendung können sich diese Belohnungsmechanismen verankern und zu einem ungesunden Essverhalten führen. Die Bundeszentrale für gesundheitliche Aufklärung schreibt auf ihrer Informationswebseite kindergesundheit-info.de: „Essen und insbesondere Süßigkeiten werden im Alltag häufig dazu genutzt, um das Verhalten von Kindern zu steuern. Sie sollen damit motiviert, beruhigt, belohnt, abgelenkt oder auch bestraft werden. Mit der eigentlichen Funktion des Essens als Nahrung hat dies nichts mehr zu tun.“ Hier wird davor gewarnt, **Lebensmittel als Erziehungsmittel** zu verwenden.

Robin wird zudem nicht mit seinen tatsächlichen Bedürfnissen gesehen. Ganz im Gegenteil wird er dazu angehalten, sie zu übergehen. Weil Kinder Belohnungen lieben, reagieren sie auf diese Art der Manipulation relativ zuverlässig. Dabei lernen sie jedoch: „Ich und meine Bedürfnisse zählen nicht!" Sie speichern die Botschaft, dass es lohnenswert ist, sich von eigenen inneren Empfindungen abzuwenden und stattdessen die Orientierung im Außen zu suchen.

Aus wissenschaftlichen Untersuchungen ist bekannt, dass über häufige Belohnungen die innere (intrinsische) Motivation, also das, was Menschen aus sich selbst heraus antreibt, verlorengeht (Korrumpierungseffekt). Sie machen sich abhängig vom Außen und tun nur noch das, wofür sie zum Beispiel in Form einer Belohnung extrinsisch motiviert werden.

Was könnte Ines stattdessen tun?

Die manipulierenden Sätze aus unserem Beispiel haben alle die Fokussierung auf das Verhalten des Kindes gemeinsam. Ines möchte das Verhalten von Robin verändern und vergisst dabei, auf die Beweggründe hinter dem Verhalten zu blicken. Das Verhalten stellt jedoch nur die Spitze des Eisberges dar, unter dem sich ein viel größerer wirksamer Teil verbirgt: die Gefühle und Bedürfnisse. Robin isst nicht einfach aus Unlust keinen Bissen oder weil er jemanden ärgern möchte, er handelt auf der Grundlage seiner aktiven Gefühle, die der Signalgeber für seine Bedürfnisse sind.

Das Eisbergmodell

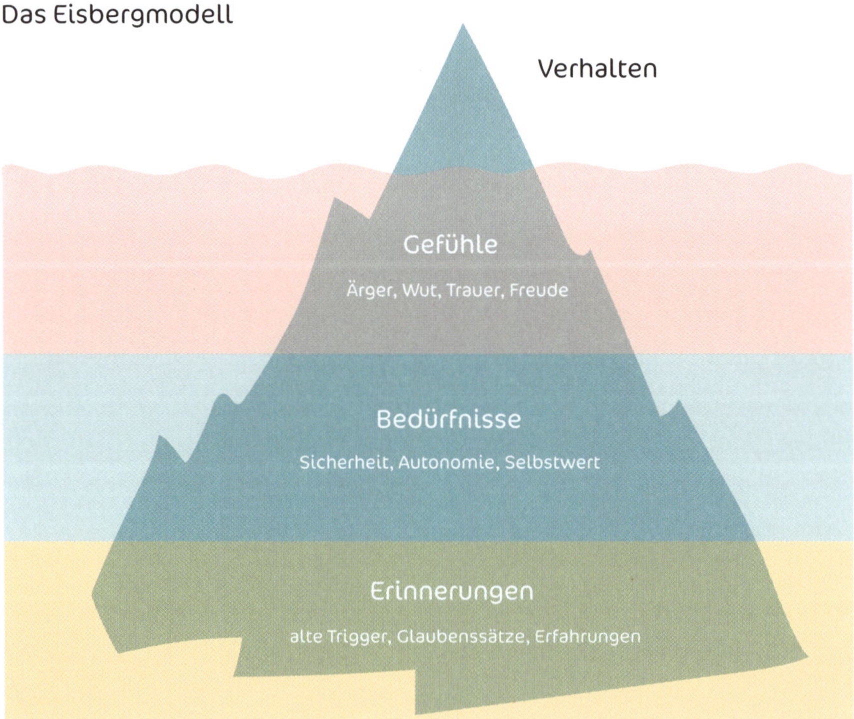

Das Verhalten ist der Spiegel seiner unerfüllten Bedürfnisse. Um Robin bedürfnisorientiert unterstützen zu können, sollte Ines sich das Eisbergmodell vergegenwärtigen und hinter das Verhalten von Robin blicken. Dabei könnte sie sich folgende Fragen stellen: Warum möchte Robin nichts essen? Geht es ihm nicht gut? Hat er keinen Hunger? Ist etwas vorgefallen, das ihn belastet? Was sind seine wirklichen Beweggründe hinter dem Verhalten? Ines darf sich sicher sein, dass jedes Verhalten einen Grund hat. Aus der Traumapädagogik ist das Konzept des Guten Grundes bekannt, in dem davon ausgegangen wird, dass jedes Verhalten einen Sinn hat (vgl. Bausum u.a. 2013).

Das Bedürfnis hinter dem Verhalten ansprechen

Robin möchte zu Mittag nichts essen. Was Ines nun tun kann, besteht darin, seine Situation wertfrei zu beschreiben: „Ich sehe, dass du heute nichts essen willst."

Sie kann versuchen, seine Beweggründe herauszufinden, um zu verstehen, was zu seinem Verhalten führt. Weil seine Beweggründe auch Robin nicht bewusst sind, kann Ines mit ihm gemeinsam auf die Suche gehen. Sie kann dazu das *Ja-Mantra* (vgl. Wedewardt & Hohmann 2021, S. 60) nutzen, um herauszufinden, was ihn dazu antreibt, nichts zu essen.

INES: Ich vermute du hast keinen Hunger.
ROBIN: Ja! (Die Zustimmung kann auch durch Mimik oder Gestik zum Ausdruck gebracht werden)
INES: Ich habe das Gefühl, du bist traurig und kannst deshalb nichts essen.
ROBIN: Ja.
INES: Bist du noch immer traurig wegen deiner Mama?
ROBIN: Ja, Mama ist heute Morgen gegangen, ohne mir am Fenster nachzuwinken!

INES: Ach, du kriegst keinen Bissen hinunter, weil du Trost brauchst. Soll ich dich mal in den Arm nehmen?

ROBIN: Jaaa!

Robin fühlt sich nun verstanden, wird in seinem Gefühl der Traurigkeit und in seinem Bedürfnis nach Trost gesehen. Beide haben zusammen herausgefunden, was ihn dazu veranlasste, nichts zu essen. Möglicherweise kann Robin nun wieder etwas essen, nachdem der Kloß im Bauch gelöst ist. Falls nicht, ist das auch in Ordnung.

Exkurs: Warum-Fragen

Um herauszufinden, was ein Kind beschäftigt, warum es wütend oder traurig ist, nutzen wir häufig Warum-Fragen: „Warum hast du das gemacht?“ „Warum isst du nichts?“ „Warum hörst du nicht?“ Kinder im Kindergartenalter können oft noch nicht sagen, warum sie so handeln wie sie handeln. Selbst vielen Erwachsene fällt es manchmal schwer zu verstehen, warum sie plötzlich so wütend oder traurig wurden.

Kinder handeln unbewusst aus Impulsen heraus, ohne darüber nachzudenken. Warum-Fragen führen deshalb eher dazu, dass die Kinder sich unverstanden fühlen oder die Frage als Vorwurf begreifen. Kinder brauchen deshalb Erwachsene, die ihnen mit offener, unvoreingenommener Haltung begegnen, ihnen ihre möglichen Beweggründe spiegeln und sie dabei unterstützen, herauszufinden, was sie brauchen.

Mit Wohlwollen sollten die Erwachsenen mit den Kindern auf Forschungsreise gehen, Vermutungen aufstellen, die dazu beitragen, unbewusste Beweggründe ans Licht zu bringen, und so Stück für Stück herausfinden, was das tatsächliche Warum ist. Statt „Warum hörst du nicht?“ könnte die Fachkraft dann sagen: „Du willst das nicht tun. Vermutlich willst du selbst entscheiden, wann du dich anziehst, oder?“

Von der Sprachgewalt zum Wörterzauber

MANIPULATION	BEDÜRFNIS-ORIENTIERUNG
Wenn Ben das Gemüse auf-isst, freut sich Sandra (die Erzieherin).	„Du kannst selbst wählen, was und wieviel du essen möchtest. Ich vertraue dir und deinem Hungergefühl"
Schade, dass du nicht teil-nimmst! Dann eben nicht.	„Wenn du nicht mitmachen möchtest, ist das in Ordnung!" „Was brauchst du, um mitma-chen zu können?"
Wenn Lara das Ei nicht bas-telt, bekommen ihre Eltern halt kein Ostergeschenk.	„Du magst wohl nicht basteln. Hast du eine andere Idee, was du deinen Eltern zu Ostern schenken könntest?"

7 „Du bist faul und du bist lieb!" Bewertungen vermeiden

Es gibt eine wunderbare Möglichkeit, um verbale Verletzungen zu vermeiden: Bewertungen vermeiden und die sprachlichen Formulierungen auf reine Beobachtungen fokussieren. Die Familientherapeutin Virginia Satir weist immer wieder darauf hin, wie wichtig es ist, eine beschreibende statt einer beurteilenden Sprache zu wählen: „Sehr viele schädliche Selbstwertreaktionen könnten vermieden werden, wenn man sich einfach angewöhnte, dem anderen zu sagen, was man buchstäblich sieht und hört" (Satir 2018, S. 61).

Das hört sich jedoch leichter an als getan. Wie schwer es ist, frei von Interpretation zu beobachten, zeigt sich tagtäglich im Kita-Alltag. Um besser zu erfassen, was eine **reine Beobachtung** ist und was bereits eine **Interpretation,** hilft eine einfache Regel: Alles, was mit einer Kamera aufgezeichnet werden könnte, entspricht einer Beobachtung: Was sehe ich? Was höre ich? Eine reine Beobachtung läge dann zum Beispiel der folgenden Beschreibung zugrunde: „Das Mädchen steht rund fünf Minuten neben einer Frau und schaut sie nur an." Eine Interpretation könnte dagegen lauten: „Sie ist schüchtern und fragt die Frau nicht."

Bewertungen verhindern, dass ein echtes, **authentisches Miteinander** gelebt werden kann. Die Bewertung verschließt die Möglichkeit, sich einander zu offenbaren, sich mit seinen Empfindungen und Werten zu zeigen.

Im Kita-Alltag voller Trubel passiert es schnell, dass pädagogische Fachkräfte Kinder bewerten. Manchmal wird eine Wertung kindlichen Verhaltens sogar als wichtiges Mittel der Erziehung angesehen. Bewertungen können jedoch – seien sie positiv oder negativ – für die Kinder schmerzhaft und verunsichernd sein. Kinder suchen Menschen, die ihnen wahrhaftig begegnen.

Das Beispiel

Die Ruhezeit ist vorbei und alle Kinder sollen ihre Matten wegräumen. Niklas hat seine Unterlage jedoch liegenlassen und ist weggegangen. Weil Fachkraft Robert ihn nicht finden kann, räumt Sina das Bettzeug mit auf. „Du bist echt lieb, Sina!", sagt Robert. Als Niklas wieder auftaucht, meint Robert etwas verärgert zu ihm: „Du bist echt faul, Niklas! Sei froh, dass Sina so freundlich war und deine Matte mit weggeräumt hat."

Was ist hier passiert?

Robert ärgert sich über Niklas, weil er seine Matte nicht weggeräumt hat. Diesen Ärger kanalisiert er in einer bewertenden Zuschreibung, sowohl in Bezug auf Sina („Du bist lieb!") als auch auf Niklas („Du bist faul!"). Letztlich sind Bewertungen anderer Menschen „in Wirklichkeit Ausdruck unserer eigenen Bedürfnisse und Werte" (Rosenberg 2016, S. 30). Das bedeutet: Roberts Reaktion zeigt, dass einige seiner Bedürfnisse wohl nicht erfüllt sind. Die Verantwortung für seine Gefühle und die Erfüllung seiner Bedürfnisse gibt er jedoch an die Kinder ab, indem er sie bewertet. Denn auch hier gilt: Niklas ist nur der Auslöser für die Gefühle von Robert, nicht aber die Ursache. Die Bewertung der Situation nimmt Robert selbst in seinem Kopf vor; Niklas trägt dafür keine Verantwortung.

„Du bist lieb!"

„Lieb" ist eine Wertung, die ausgesprochen wird, wenn Kinder die Erwartungen der Erwachsenen erfüllen, wenn sie hören, nicht widersprechen, positive Gefühle zeigen und keine negativen (wie Wut oder Ärger), wenn sie alle von ihnen verlangten Aufgaben ohne Murren erfüllen und funktionieren. Kinder zum „Liebsein" zu erziehen fördert Anpassung, nicht aber den Ausdruck echter Empfindungen. Typischerweise sind Abgrenzung und Neinsagen hier nicht vorgesehen. Anpassung geht meist jedoch damit einher, die eigenen Bedürfnisse zu missachten. Rosenberg (2016, S. 78) stellt fest, dass Bravsein sogar zu Depressionen führen kann.

In unserem Beispiel erfüllt Sina Roberts Wunsch und wird daraufhin mit „lieb" bewertet. Das ist kein Drama, rutscht einem dieses Wort doch recht schnell über die Lippen. Wie immer kommt es auf den Kontext, die Absicht hinter dem Wort und die Häufigkeit des Gebrauchs an. Dennoch gibt es andere Wege, um Wertschätzung auszudrücken, ohne das Kind zu bewerten.

„Du bist faul!"

Wenn Beobachtungen und Wertungen verknüpft sind, hört das Gegenüber eher Kritik heraus. Kommen hingegen Beobachtung und Selbstoffenbarung zusammen, kann Verbindung hergestellt werden (Rosenberg 2016, S. 38). Mit dem Satz „Du bist faul" bewertet Robert den Jungen, anstatt sich selbst wirklich zu zeigen. Er wertet Niklas ab und urteilt über ihn. Welche Empfindungen Robert dabei wirklich hat und welche seiner Werte verletzt wurden, bleibt unklar. Es bleiben die Fragen im Raum:

- Welche Gefühle hat Fachkraft Robert?
- Welche Bedürfnisse stecken hinter seinem Verhalten?
- Welche seiner Werte sind womöglich verletzt?

Hört Niklas häufiger, er sei faul, übernimmt er diese Zuschreibung in sein Selbstbild. In ihrem Buch „Selbstbild" (2017) zeigt die amerikanische Psychologin Carol Dweck auf, welche Auswirkungen es für Kinder hat, ein „Fixed Mindset", also ein starres Denkmuster, über sich selbst zu besitzen. Kinder, die lernen, ich bin so (faul) und daran lässt sich nichts ändern, sind Dwecks Studie zufolge in ihrem späteren Leben unglücklicher und weniger erfolgreich. Kinder, die ein „Growth Mindset" besitzen, also ein dynamisches Selbstbild, das vermittelt, ich kann alles schaffen und Dinge in die Hand nehmen, sind dagegen zufriedener und erfolgreicher. Bewertungen von außen sind es, die das Fixed Mindset und somit eine starre Denkweise über sich selbst füttern.

Was könnte Robert stattdessen tun?

Anstatt verbale Zuweisungen vorzunehmen kann Robert die Bewertungen durch **objektive Beobachtungen** ersetzen und sich **selbst offenbaren,** sich authentisch zeigen. Der Psychologe Carl Rogers prägte das wichtige Element der „Kongruenz" in der pädagogischen Haltung. Für eine gleichwürdige pädagogische Beziehung ist es wichtig, dass Fachkräfte sich als Mensch mit Gefühlen und Bedürfnissen zeigen, echt, unverfälscht und transparent (vgl. Kreuziger 2000). Um kongruent zu handeln, könnte Robert …

- seine **Beobachtung** formulieren, ohne zu werten
- sich zeigen mit seinen **Gefühlen**
- sich zeigen mit seinen **Bedürfnissen**
- eine **Bitte** aussprechen auf der Grundlage seiner Bedürfnisse

Um sich selbst authentisch zu zeigen, ist es notwendig, mit sich in Verbindung zu sein und für sich **selbst Empathie** aufzubringen. Das fällt vielen Erwachsenen schwer, weil sie irgendwann in ihrem Leben verlernt haben, auf ihre eigenen Bedürfnisse zu hören. Am Anfang kann es also herausfordernd sein, sich mit seinen Gefühlen und Bedürfnissen zu zeigen, aber mit der Zeit und ein wenig Übung geht es immer leichter.

In einer persönlichen, authentischen Sprache kann Robert sich offenbaren: So sieht es in mir und in meiner Welt aus, so geht es mir, dein Verhalten löst das in mir aus und das brauche ich gerade. Robert kann sich zeigen mit seinen Bedürfnissen anstatt das Umfeld zu bewerten und damit die Verantwortung abzugeben:

Was in der Situation, nun objektiv beschrieben, passiert ist, was Robert fühlt und was er wirklich braucht, kann von außen nur vermutet werden. Um sich in Robert einzufühlen und sich seinen Bedürfnissen anzunähern, ist es hilfreich, die Gefühls- und Bedürfnistabelle zur Hand nehmen (siehe Seiten 110f.):

- **Wertfreie Beobachtung** (was durch eine Kamera aufgezeichnet werden könnte): Die Matte von Niklas liegt auf dem Boden. Niklas läuft weg, Sina räumt die Matte in den Schrank.
- **Mögliche Gefühl von Robert:** verärgert, enttäuscht, wütend, genervt, frustriert
- **Mögliche Bedürfnisse von Robert:** Respekt, Anerkennung, Wertschätzung, Ruhe, Ordnung

Eine selbstoffenbarende Sprache

Robert kann seine Selbsteinfühlung in Sprache umwandeln. Wenn Niklas wegläuft und seine Matte nicht aufräumt, kann Robert zu ihm gehen und sagen:

1. „Deine Matte liegt noch auf dem Boden." (Beobachtung)
2. „Das ärgert mich!" (Gefühl)
3. „Ich brauche deine Unterstützung, weil mir Ordnung wichtig ist." (Bedürfnis)
4. „Ich wäre dir sehr dankbar, wenn du deine Matte in den Schrank räumst, damit wir alle gemeinsam bald mit Aufräumen fertig sind." (Bitte)

Wenn letztlich doch Sina die Matte in den Schrank räumt, kann Robert – anstatt sie mit „lieb" zu bewerten – sich ebenfalls authentisch zeigen und seine Dankbarkeit ausdrücken: „Vielen Dank (Dankbarkeit) Sina, dass du mir geholfen hast. So haben wir das Aufräumen gemeinsam bald geschafft. Ich freue mich sehr (Gefühl) über deine Unterstützung und vermute, Niklas freut sich auch darüber!"

Robert könnte dann zu Niklas sagen: „Sina hat deine Matte aufgeräumt (Beobachtung). Mir ist wichtig, dass wir alle gemeinsam als Team zusammenarbeiten (Wert). Deshalb bitte ich dich, morgen selbst deine Matte wegzuräumen (Bitte)."

Es ist nicht notwendig, dass Robert bei Niklas ein Dankeschön gegenüber Sina einfordert. Wenn es Robert ein Anliegen ist, Sina gegenüber seine Wertschätzung und Dankbarkeit auszudrücken, kann er nicht erwarten, dass Niklas das gleiche Bedürfnis empfindet. Dankbar und wertschätzend zu sein lernt Niklas nicht durch ein „Sag danke!" oder „Wie sagt man?!", sondern durch Roberts Vorbild und sein authentisches Offenbaren.

Von der Sprachgewalt zum Wörterzauber

BEWERTUNG	SELBSTOFFENBARUNG
Du lügst!	„Obwohl du sagst, dass du den Ball aufgeräumt hast, sehe ich ihn dahinten noch in der Ecke liegen. Ich bitte dich, ihn jetzt aufzuräumen."
Du bist anstrengend!	„Ich bin überfordert!" „Ich brauche Ruhe!"
Du bist schüchtern!	„Hast du Angst davor, alleine zu fragen? Brauchst du meine Unterstützung?"

Exkurs: „Sag danke!“ „Wie sagt man?“

Es ist nicht notwendig, Kinder dazu anzuhalten, sich zu bedanken. Die Worte „Sag danke!“ oder „Wie sagt man?“ führen eher zu einer Beschämung oder Unverständnis bei den Kindern. Als kooperative Wesen führen Kinder diese Aufforderung dann meistens aus, wissen entwicklungsbedingt jedoch nicht, was echte Dankbarkeit bedeutet. Zudem sind es in aller Regel nicht die Kinder, die Dankbarkeit verspüren, sondern die Erwachsenen, die „danke“ sagen wollen – sei es aus einem Bedürfnis heraus oder aus gesellschaftlichem Zwang.

Handelt es sich um die Dankbarkeit der Erwachsenen, können sie sie auch selbst aussprechen und müssen nicht die Kinder dazu bewegen. Wenn ich als Fachkraft also dankbar bin, dass ein Kind dem anderen geholfen hat, kann ich selbst zu dem Kind „danke“ sagen, weil es mir ein inneres Anliegen ist.

Die Sorge, dass Kinder nicht lernen, „danke“ zu sagen, wenn wir sie nicht dazu anhalten, ist unbegründet. Kinder lernen am Vorbild und werden sich bei dankbaren Erwachsenen ebenfalls irgendwann bedanken, wenn sie das Konzept der Dankbarkeit verstanden haben. Ansonsten bleibt es nur eine leere Floskel.

8 „Toll gemacht!“ Vom Lob zur Wertschätzung

Wertschätzung, Anerkennung und Gesehenwerden sind einige der wichtigsten psychischen Bedürfnisse des Menschen. Jeder will gemocht sein, so geliebt werden, wie er ist, und Anerkennung erhalten. Der Stellenwert von Wertschätzung scheint in der Pädagogik fast überall anerkannt zu sein. Doch wird Wertschätzung häufig mit Lob verwechselt, das – ähnlich wie eine verbale Bestrafung – auch als Manipulation kindlichen Verhaltens eingesetzt werden kann. Das Lob dient dann dazu, ein Ziel zu erreichen und ein bestimmtes kindliches Verhalten zu erzeugen, nicht aber, um das Kind wirklich zu sehen, wie es ist. Die Frage lautet nun: Was ist Lob, wie viel Lob tut gut und wie kann echte Wertschätzung ausgedrückt werden?

Das Beispiel

Der sechsjährige Louis kommt zu Fachkraft Astrid und sagt ganz stolz: „Ich habe es alleine geschafft, mir die Schnürsenkel zuzubinden!" Astrid freut sich sichtlich mit ihm und sagt: „Wow, das hast du toll gemacht!"

Was ist hier passiert?

Was ist hier passiert? „Nichts", würden die meisten im ersten Moment vermutlich sagen: Kinder wollen doch Lob und Anerkennung von uns Erwachsenen! Ja, das stimmt, und doch ist es nur die halbe Wahrheit. Es ist hilfreich, noch einmal genauer hinzusehen:

Fachkraft Astrid bewertet die Anstrengungen von Louis, ähnlich wie mit einer Schulnote, mit dem Satz: „Toll gemacht!" Das wäre im schulischen Kontext vielleicht die Note eins oder zwei. In diesem Moment stellt Astrid sich über Louis, um ihm zu sagen, ob er etwas richtig oder falsch, gut oder schlecht gemacht hat. Diese Beurteilung trifft Astrid aus ihrer Warte heraus und ist damit nicht mehr in einer gleichwürdigen Beziehung. Astrid sendet die Botschaft an Louis: „Ich sage dir, wie du dich verhalten musst, damit du gut und richtig bist, etwas toll oder weniger toll machst!" Weil Louis durch Astrid bewertet wird, existiert keine Verbindung auf Augenhöhe, sondern eine asymmetrische Beziehung, die von Macht bestimmt ist. Dabei ist es irrelevant, ob es sich um eine positive oder negative Beurteilung handelt.

Bewertungen hängen unmittelbar mit dem **Selbstwert** der Kinder zusammen. Nun könnte man denken, Lob und positive Bewertung würden den Selbstwert der Kinder erhöhen. Das ist jedoch ein Irrtum. Die Kinder lernen so, sich von außen abhängig zu machen und weniger auf sich selbst und die eigenen Fähigkeiten zu vertrauen. Louis orientiert sich am Außen und verliert – bei häufigem Lob – den Kontakt zu sich selbst. Er sucht die Bestätigung im Außen bei Astrid. Der eigene Wille wird unterdrückt, damit der Wille des anderen erfüllt wird.

Das kennen viele Erwachsene nur zu gut: Vertrauen in die eigene Kompetenz, die eigene Wichtigkeit, den eigenen Wert müssen sich viele wieder erarbeiten. Menschen machen sich abhängig von äußeren Urteilen und das Bedürfnis nach Gemochtwerden wächst. Für ein glückliches Leben ist es jedoch notwendig, sich selbst einen Wert geben zu können und aus der eigenen, inneren Motivation (intrinsische Motivation) heraus zu handeln.

Welche Auswirkungen Lob auf das Lernen von Kindern hat, wurde in einem **Versuchsaufbau** an der Universität Stanford erforscht. Hier sollte herausgefunden werden, was Kinder dazu motiviert, auch in herausfordernden Situationen an einer Lernaufgabe dranzubleiben. Erstaunlich war, dass Kinder, die nach einem schwierigen Puzzle überschwänglich mit den Worten „Das hast du gut gemacht, du bist wirklich klug!" gelobt wurden, in der zweiten Runde das leichtere Puzzle wählten, um die Bewertung von außen nicht aufs Spiel zu setzen. Kinder, bei denen der Prozess und die Anstrengung anerkannt wurden, waren eher offen dafür, erneut ein kompliziertes Puzzle zu wählen (vgl. Mueller & Dweck 1998). Lob kann also auch verunsichern und dazu führen, dass die Leistungsbereitschaft abnimmt. Doch kommt es immer darauf an, wie gelobt wird. Ein inflationär verwendetes, unspezifisches Lob wie „Toll gemacht!", „Gut gemacht!" führt eher dazu, dass die Kinder unsicher werden, weil sie nicht genau wissen, was gut war. Diese Art Lob legt den Fokus zudem auf das Produkt. Förderlich für Entwicklung und Standhaftigkeit bei Herausforderungen scheint jedoch der anerkennende Fokus auf die Anstrengung und den Prozess zu sein: „Ich habe gesehen, wie ausdauernd du an der Aufgabe geblieben bist; du warst zwischendurch sehr frustriert, aber du hast dich durchgebissen und es am Schluss geschafft. Du kannst wirklich stolz auf dich sein!" Je präziser ein Lob ausgesprochen wird und je mehr es auf die Anstrengung des Kindes zugeschnitten ist, desto eher fördert es die kindliche Entwicklung.

Führung durch Selbstoffenbarung, nicht durch Wertung

Kinder haben ein Bedürfnis nach Führung und Orientierung. Es ist jedoch nicht notwendig, Bewertungen als Orientierungsmarker zu verwenden. Kinder können sich entweder am Maßstab der Erwachsenen orientieren und daran, was sie richtig, falsch, gut, super, schlecht oder schön machen. Oder aber Erwachsene bieten Orientierung durch ein authentisches Feedback. Sie können mitteilen, wie es ihnen geht, was ihnen wichtig ist und vor was sie Kinder schützen wollen.

So orientiert sich ein Kleinkind an seiner Bindungsperson, um zu wissen, in welchen Situationen es sich wie verhalten soll. Es möchte dadurch kein Lob erhaschen, sondern wirklich verstehen, wie die Welt funktioniert. Es möchte in Kontakt gehen, die anderen Menschen kennenlernen, Empathie entwickeln und tatsächliche Konsequenzen verstehen. Wenn Robert kundtut, dass es ihn ärgert, wenn er die Matte alleine aufräumen soll, und es ihm persönlich wichtig ist, einander zu helfen (siehe Seite 58), bietet er eine Orientierungshilfe für die Kinder und lobt sie für ihre Mitwirkung nicht einfach ohne Zusammenhang. Auf diese Weise lernen Kinder, wie Menschen reagieren und welche Handlungsweisen welche Reaktionen auslösen. Sie lernen, wie sie sich verhalten können, um Teil der Gruppe zu sein, nicht aber, um das Lob der Fachkraft zu bekommen.

Was kann Astrid stattdessen tun?

Statt eines pauschalen Lobs kann Astrid echte Wertschätzung vermitteln. Denn Kinder wollen keine Bewertung; sie wollen sich mitteilen, stolz etwas zeigen, emotionale Resonanz erleben. „Viele Kinder fordern das doch ein“, mag der ein oder andere nun denken. Das stimmt. Die meisten Menschen sind mit Bewertungsschemata aufgewachsen: „Schau mal, wie gut sie schon krabbeln kann!" Unsere gesamte Gesellschaft folgt den Prinzipien der Leistung und Beurteilung, nicht aber echten Bedürfnissen nach Wertschätzung und Anerkennung.

Diese Bewertungsmuster erlernen Kinder schnell und verinnerlichen sie als Orientierungsmaßstab. Sie zahlen damit jedoch einen hohen Preis: Sie orientieren sich am Maßstab anderer und nicht an dem eigenen. Grundsätzlich gibt es auch keinen richtigen und falschen Weg, keine bessere oder schlechtere Handlungsweise. Es gibt jedoch Menschen mit Bedürfnissen, die miteinander in Verbindung gehen.

Der Unterschied zwischen Lob und Wertschätzung

Es besteht ein Unterschied zwischen Lob und echter Wertschätzung. Mit einem Lob wird die Absicht verfolgt, das Verhalten des Gegenübers aus der Warte der persönlichen Einschätzung von richtig und falsch zu bewerten. Eine echte Wertschätzung bedeutet, sich von Mensch zu Mensch mitzuteilen, wie es einem geht und wie das Gegenüber zur Erfüllung eigener Bedürfnisse beigetragen hat. Durch echte Wertschätzung wird transparent, was jeder in der Beziehung wirklich braucht. Ein solch echtes Miteinander führt dazu, dass das Kind dann auch eher dazu bereit ist und die Möglichkeit hat, zur Erfüllung der Bedürfnisse der Fachkraft beizutragen.

Wertschätzende Sprache

Es gibt viele Möglichkeiten, anstelle von Bewertungen echte Wertschätzung auszudrücken. Wenn Louis sagt „Schau mal, ich habe es alleine geschafft, die Schnürsenkel zuzubinden!", kann Astrid je nach Situation seinem Bedürfnis nach Gesehenwerden und Wertschätzung nachkommen, echtes Interesse zeigen, seine Worte wiederholen als Zeichen der Anerkennung. Sie kann sich auch bei ihm dafür bedanken, dass er sein Erlebnis mit ihr teilt, sie kann ihre eigenen Gefühle ausdrücken und/oder Louis' Gefühle benennen:

- „Oh ja, ich sehe es!" oder „Ich sehe dich" (Bedürfnis nach Gesehenwerden)
- „Magst du es mir zeigen?" (echtes Interesse)
- „Oh ja, du hast ganz alleine geschafft, die Schnürsenkel zuzubinden!" (das Tun benennen, Worte paraphrasieren)
- „Danke, dass du mir davon berichtet hast. Ich freue mich darüber." (Dankbarkeit ausdrücken)
- „Du scheinst stolz darüber zu sein?" „Was fühlst du?" (mögliche Gefühle des Kindes benennen)
- „Ich freue mich sehr darüber!" „Ich freue mich, wie stolz du bist!" (eigene Gefühle ausdrücken)

Von der Sprachgewalt zum Wörterzauber

LOB	WERTSCHÄTZUNG
Gut gemacht!	„Ich habe beobachtet, wie sehr du dich angestrengt hast. Auch wenn es schwer war, hast du es am Schluss doch geschafft. Du bist sicherlich stolz auf dich?"
Du hast so schön gegessen …	„Du hast den ganzen Teller leer gegessen. Dir hat es wohl geschmeckt?"
Du hast deine Schuhe richtig in dein Fach gestellt.	„Du hast deine Schuhe in dein Fach gestellt. Die Reinigungskraft freut sich sicher darüber, denn nun ist der ganze Boden frei und sie kann alles sauber machen!"

9 „Ist doch nicht so schlimm!" Gefühlssprache entdecken

Wenn Erwachsene mit Kindern sprechen, ist es üblich, auf der Verhaltensebene zu bleiben: „Tu das nicht!" „Mach das!" „Nicht hauen!" „Gib Lisa die Schaufel!" Es ist üblich, Kindern zu sagen, wie sie sich (nicht) verhalten sollen, anstatt echte Empfindungen anzusprechen. Was also häufig versäumt wird, ist die Verbindung mit der Gefühlsebene (siehe Seite 110).

Vielen Erwachsenen fällt es schwer, ihre eigene Gefühlslage in Worte zu fassen. Deshalb stellt es für viele auch eine große Herausforderung dar, die Gefühle der Kinder zu verbalisieren. Die Verbindung zu den eigenen Gefühlen erleichtert also auch den Zugang zu den Gefühlen der Kinder. Um einen positiven Selbstwert aufzubauen, ist es von großer Bedeutung, dass Kinder Worte für ihre Gefühle erhalten und sie darüber verstehen sowie regulieren lernen. Sie benötigen Erwachsene, die ihnen ihre Affekte spiegeln (Affektspiegelung) (vgl. Dornes 2010, S. 172ff.) und stellvertretend für sie benennen. Der erste Schritt zu einer Gefühlssprache ist es also, die eigenen und die Gefühle der Kinder wahrnehmen und verstehen zu lernen.

Das Beispiel

Gustav hat sich einen Tierpark aus Bauklötzen aufgebaut. Bereits seit einer halben Stunde ist er vertieft in seine Tierwelt. Als Emma angestürmt kommt und den Tierpark umwirft, wird Gustav wütend und schreit: „Emma, du blöde Kuh!" Er rennt ihr hinterher und möchte sie hauen, aber Gustav stolpert über einige Spielsachen und fällt hin. Er beginnt zu weinen. Fachkraft Lena bekommt den Sturz mit und läuft zu ihm: „Komm, steh wieder auf, ist nichts passiert!", sagt sie. „Du musst nicht weinen! Es ist alles gut!" Gustav steht wieder auf und hört auf zu weinen.

Später beim Essen sitzt Emma nur unweit von Gustav entfernt. Plötzlich kommt der heruntergeschluckte Ärger von vorhin wieder hoch. Ein blitzschneller Impuls sorgt dafür, dass Gustav das Wasserglas von Emma umstößt, als Lena gerade nicht hinschaut. Lena eilt zu den beide Kindern und schimpft: „Was ist denn hier passiert? Gustav, warst du das? Was ist denn heute mit dir los? Du hast gar keinen Grund, so schlecht gelaunt zu sein!"

Was ist hier passiert?

Gustav war in ein für ihn wichtiges Spiel vertieft, als Emma ihn stört. Das führt dazu, dass nun eines oder mehrere seiner Bedürfnisse unerfüllt waren: das Bedürfnis nach Lernen, Ruhe, Konzentration, Spiel, Spaß oder Privatsphäre. Sein Körper zeigt ihm das unmittelbar, indem er Signale an das Gehirn sendet. Das löst wiederum in der Emotionsschaltzentrale im Gehirn (limbisches System) Gefühle aus, die dafür sorgen sollen, dass die Bedürfnisse erfüllt werden und er seine Grenzen zum Ausdruck bringen kann. Gustav wird wütend. Diese Wut löst in seinem Körper wiederum Reaktionen aus, die ihn zu impulsiven Handlungen veranlassen: hinterherrennen, hauen und schreien. Die Wut und der Ärger sind da, ob er will oder nicht.

Die Frage ist nun: Wie kann Gustav lernen, mit dieser Situation umzugehen? Lena versucht, Gustav zu beruhigen, indem sie ihm seine Gefühle abspricht und das Erlebnis verharmlost. Sie meint es gut und denkt, dass es dadurch für Gustav leichter ist, mit seinen Gefühlen umzugehen, und der Ärger schneller weg ist. Für Lena selbst sind die Gefühle von Wut, Ärger und Traurigkeit schwer auszuhalten, und so versucht sie, sie durch die Verharmlosung auch von sich selbst wegzuschieben.

„Komm, steh wieder auf, ist nichts passiert!"

Mit diesem Satz vermittelt Lena Gustav, dass seine Situation aus ihrer Sicht nicht schlimm ist. Sie gibt ihm also vor, was er fühlen soll, und versäumt es, seine Empfindungen ernst zu nehmen. Gustav lernt dadurch, dass er seinen eigenen Empfindungen nicht trauen kann. Manche Fachkräfte neigen dazu, Gefühle des Schmerzes oder der Trauer „wegwischen" zu wollen, um sie selbst nicht spüren zu müssen. Das Verhalten von Lena ist sicherlich gut gemeint. Sie möchte Gustav von seinem (und sich von ihrem eigenen) Gefühl ablenken. Dadurch bewirkt sie jedoch, dass Gustav lernt: „Ich darf keinen Schmerz und keine Traurigkeit spüren und zeigen!" „Wenn ich zeige, dass es mir schlecht geht, macht das dem Umfeld Angst!"

„Du musst nicht weinen!"

Dieser Satz vermittelt Gustav, dass Weinen etwas Schlimmes ist. Er lernt, dass er seine Tränen in Zukunft besser wegwischen und seine Traurigkeit herunterschlucken sollte. So verinnerlicht er unter Umständen die Glaubenssätze: „Weinen ist schlecht!" „Ich darf keine Gefühle zeigen!" „Ich sollte mich nur stark zeigen und nicht verletzlich!" Wenn Emotionen in der Kindheit nicht ausreichend begleitet werden und Kinder lernen, dass sie sie verdrängen sollen, kann es jedoch sein, dass sie sich nach und nach von ihren eigenen Gefühlen entfremden, sie unzureichend wahrnehmen und so nicht in Worte fassen können. Dadurch können körperliche Symptome entstehen, die sich im schlimmsten Fall psychosomatisch als chronische Bauchschmerzen, Kopfschmerzen oder ständiges Kranksein äußern.

Wenn Kinder nicht lernen, ihre Gefühle zu verstehen, einzuordnen und konstruktiv mit ihnen umzugehen, kann es auch passieren, dass sich Gefühle irgendwann unkontrolliert Bahn brechen, was bei Ärger, Wut, Frust oder Traurigkeit unter Umständen zerstörerisch sein kann (vgl. Welding 2021). Gefühle wirken dann nicht mehr funktional, sondern dysfunktional (vgl. Lammers 2011, S. 80).

„Du hast gar keinen Grund so schlecht gelaunt zu sein!"

Lena kann Gustavs Wut und Ärger nicht wahrnehmen und aufgreifen. Sie vermittelt ihm hingegen, dass es aus ihrer Sicht keinen Grund dafür gibt, wütend zu sein. Damit sendet sie unbewusst die Botschaft: „Zeig deinen Ärger nicht!" Gustav wird bei häufiger Anwendung solcher gefühlsabweisender Sätze verinnerlichen: „Ich bin falsch, wenn ich wütend bin!" Gepaart mit Schuld- und Schamgefühlen werden diese Botschaften dann im Gehirn abgespeichert. Für Gustavs Zukunft bedeutet das: Er wird Wut und Ärger sowohl bei sich selbst als auch bei anderen unbewusst als Bedrohung verstehen und als „schädlich" bewerten. Ein bewusster und konstruktiver Umgang mit seiner Wut und seinem Ärger wird ihm dadurch vorenthalten.

Worte, die Gefühle abwerten, ablehnen oder leugnen, führen dazu, dass Kinder negative Glaubenssätze verinnerlichen (vgl. Abb.). Ihr Selbstbewusstsein leidet darunter, weil sie nicht lernen konnten, sich selbst und ihre Gefühle einzuordnen. Sie versäumen es, ihre eigenen Gefühle in Worte zu fassen, verstehen und letztlich regulieren zu können. Um jedoch sozial-emotional kompetent zu werden, ist es wichtig, dass Kindern Gefühle nicht abgesprochen werden, sondern dass sie Klarheit darüber haben, was Gefühle sind, woher sie kommen, was die Ursache sein kann und wie sie beruhigt werden können.

Prägende Botschaften:

Gefühls-Glaubenssätze

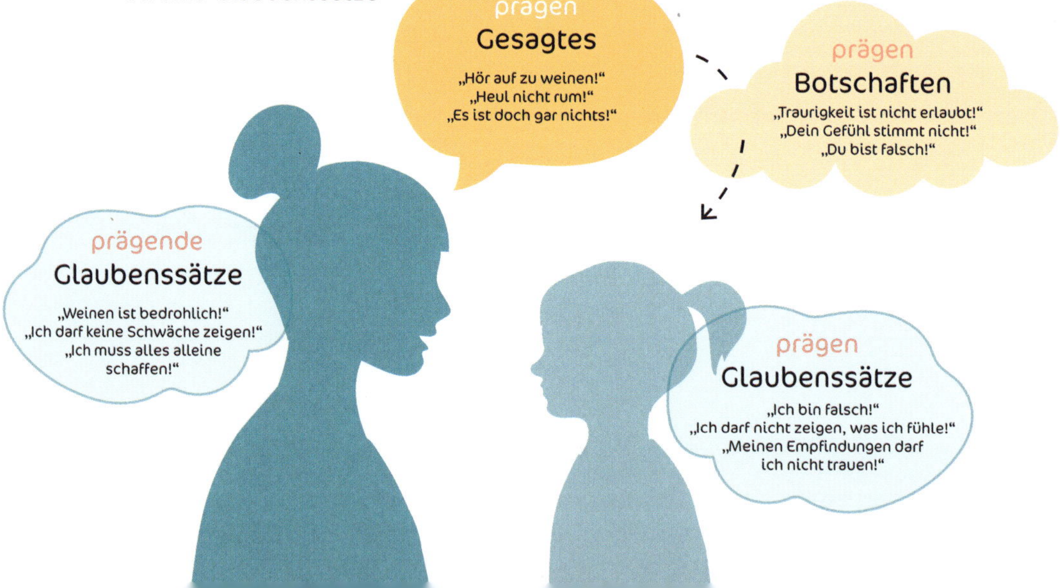

Was kann Lena stattdesssen tun?

Lena steht vor der Herausforderung, Gustav in seiner Emotionsregulation zu unterstützen, seine Gefühle anzunehmen und ernst zu nehmen. Dabei lernt er, seine Gefühle zu verstehen und zu lenken.

Studien zeigen, dass Kinder, die mit ihren Gefühlen umgehen können, später glücklicher und erfolgreicher sind (vgl. Petermann & Wiedebusch 2016, S. 14ff.). Kinder, die **emotional kompetent** sind, haben im Leben einige Vorteile: Die Kinder

- können ihre Gefühle besser ausdrücken
- können leichter Freundschaften schließen
- können sich angemessener für die Erfüllung ihrer Bedürfnisse einsetzen
- sind in der Schule erfolgreicher
- sind später im Beruf erfolgreicher
- haben ein besseres Durchhaltevermögen
- haben eine höhere Frustrationstoleranz
- haben mehr Freunde
- haben ein größeres Selbstbewusstsein
- können ihre Grenzen besser erkennen und wahren

Sozial-emotionale Kompetenzen stärken auch die **Resilienz,** also die seelische Widerstandskraft; die Kinder sind so besser für Niederlagen und Krisen gewappnet. Resiliente Menschen, also Menschen, die sich und ihre Gefühle spüren, sind in aller Regel optimistisch, schauen nach vorne, halten auch unangenehme Situationen aus und wandeln sie in positive Gefühle um.

Sprache ist ein wichtiges Werkzeug für die Emotionsregulation. Über Sprache wird es möglich, Gefühle zu verstehen und darauf aufbauend Verhalten zu regulieren. Indem Gefühle mit Sprache verknüpft werden, also über Emotionen gesprochen wird, werden sie kontrollierbar und „bearbeitbar".

Wenn starke Gefühle aktiv sind, wird das **Emotionszentrum** (Limbisches System) im Gehirn aktiviert. Das führt wiederum dazu, dass die Verbindung zum denkenden Gehirn (Präfrontaler Cortex) versperrt ist (vgl. Siegel & Bryson 2017). Erwachsene kennen das bei sich selbst, wenn sie so wütend sind, dass sie Reaktionen zeigen, die sie eigentlich nicht wollten, wie Schreien, Mahnen oder Drohen. Gelingt es den pädagogischen Fachkräften, die Gefühle der Kinder zu benennen und mit ihnen gemeinsam auf Ursachenforschung zu gehen, unterstützen sie die Kinder dabei, die Verbindung zwischen dem **emotionalen Gehirn** und dem **rationalen Gehirn** wiederherzustellen. Die Verbindung zwischen den Bereichen wird wieder „frei" und zugänglich (vgl. ebd.). Siegel und Bryson nennen in ihrem Buch „Achtsame Kommunikation mit Kindern" (2017) zwei Strategien, wie die Verbindung zwischen den Hirnbereichen integriert und damit die Emotionsregulation gefördert werden kann:

- „Verbinden und umleiten" (ebd., S. 41)
- „Benennen, um es zu zähmen" (ebd., S. 47)

Hier wird klar, wie wichtig es ist, zunächst das vorhandene Gefühl zu benennen, um es schließlich „denkend" umzuleiten. Indem die Ursachen verstanden werden, kann der rationale Teil im Gehirn wieder aktiviert und die Emotionsregulation unterstützt werden.

In einer wissenschaftlichen Studie der University of California mit dem Titel „Putting feelings into words" (vgl. Liebermann u.a. 2007) konnte festgestellt werden, dass es zu einer unmittelbaren Beruhigung führt, wenn **Gefühle in Worte** gefasst werden. Die Benennung von Gefühlen leitet also direkt den ersten Beruhigungs- und Regulationsschritt ein.

Fachkraft Lena sollte also verstehen lernen, dass Gefühle ein wichtiger Begleiter und **Signalgeber** sind. Sie machen darauf aufmerksam, wenn wichtige Bedürfnisse unerfüllt sind. Statt Gefühle über Sprache abzulehnen und zu leugnen, sollte Lena sie willkommen heißen und ernst nehmen. Lena könnte so Gustav Worte für seine Gefühle geben und ihm eine reichhaltige emotionale Sprache anbieten. So kann Gustav lernen, dass es nicht nur Schwarz und Weiß gibt, sondern eine Palette an Gefühlen, die das Leben bunt machen (vgl. Gefühlstabelle auf Seite 110).

Lena kann auch lernen, dass Gefühle nicht das Sein bestimmen, sondern dass sie **kommen und gehen.** Sie ziehen weiter wie eine Wolke: Zuerst gibt es Regen, dann Gewitter und anschließend wieder Sonnenschein. Sie kann sich selbst und Gustav bereits beruhigen, indem sie für sich selbst und für Gustav erklärt, dass Gefühle vergänglich und vorübergehend sind. Die aufkommenden Gefühle sind in Ordnung und dürfen sein. Manchen Menschen helfen in solchen Situationen stärkende Sätze wie „Alle Gefühle dürfen sein!“ oder „Gefühle sind weder gut noch schlecht, sie sind einfach“. Im Durchschnitt kommt und geht eine Emotion innerhalb von 90 Sekunden (Siegel & Bryson 2017, S. 138). Das bedeutet: Nimmt Lena die eigenen und die Gefühle von Gustav an, ohne sie zu bewerten, ziehen sie vorüber.

Bevor Lena es schafft, Gustav in seiner Regulation zu unterstützen, ist es wichtig, dass sie ihre eigenen Gefühle reguliert. Ist sie selbst in Rage, wird sie es kaum schaffen, in Gustavs Gehirn für Entspannung zu sorgen. Es gilt also das Motto: „Selbstregulation vor Ko-Regulation!“

Gefühle annehmen und verbalisieren

Die Signale von Gustav weisen darauf hin, dass er wütend oder verärgert ist. Er nennt Emma eine „blöde Kuh“, stürmt auf sie zu und will sie hauen. Dabei fällt er auf den Boden und weint.

Lena könnte zu ihm gehen, sich zu ihm runterbeugen, eine wohlwollende Haltung einnehmen, Körperkontakt aufnehmen (wenn er mag) und sagen: „Oh Gustav, du bist hingefallen! Hast du dir wehgetan? Du hast dich sicherlich erschrocken (Pause und auf Reaktion von Gustav warten). Möchtest du von mir getröstet werden? Komm, ich nehme dich in den Arm!“ (Dabei die Körperreaktionen des Kindes beachten. Wenn Gustav nicht in den Arm genommen werden möchte, sollte diese Grenze respektiert werden).

Mit diesen Worten greift Lena seine Situation auf und nimmt ihn ernst. Wenn Gustav sich ein wenig beruhigt hat, könnte sie sagen: „Ich habe gesehen, wie wütend du gerade warst. Was ist denn passiert, dass du dich plötzlich so sehr geärgert hast? Magst du es mir erzählen?"

Nun könnte Lena gemeinsam mit Gustav mithilfe des Ja-Mantras (vgl. Wedewardt & Hohmann 2021, S. 60) herausfinden, was zu dem Ärger geführt hat. Wenn Gustav mit „Nein" antwortet, war es nicht das passende Gefühl; beruhigt er sich jedoch und wird zugänglicher, offener und entspannter, wurde das entsprechende Gefühl wahrgenommen.

Häufig besteht die Sorge, sobald unangenehme Gefühle formuliert werden, würden sie erst „produziert": „Man kann doch einem Kind nicht sagen, dass es sich schämt, sonst schämt es sich doch erst recht!", hört man immer wieder. Das ist jedoch nicht der Fall, ganz im Gegenteil: Die Kinder empfinden bereits die Gefühle, können sie sich aber nicht bewusst machen. Das Gefühl ist da, ob es benannt wird oder nicht. Durch die Benennung bekommt der Zustand lediglich einen Namen. Es liegt also an den Erwachsenen, ob sie die Kinder mit ihren Gefühlen alleine lassen oder sie darin unterstützen, Worte für ihre Gefühle zu finden. Haben Kinder dann Worte dafür, können sie auch besser lernen, ihre Emotionen zu akzeptieren und zu integrieren (vgl. Siegel & Bryson 2017).

Viele Erwachsene haben **Angst davor, über Gefühle zu sprechen.** Haben sie doch oft selbst die Erfahrung gemacht, dass es gefährlich ist, seine Emotionen zu äußern. Viel zu häufig haben Menschen negative Konsequenzen mit starken Gefühlen verinnerlicht und dadurch Glaubenssätze gespeichert wie: „Wenn ich wütend bin, werde ich alleine gelassen!" „Wenn ich traurig bin, werde ich nicht gesehen!" Diese schmerzhaften unbewussten Erinnerungen werden verdrängt, indem die Gefühle unterdrückt werden.

Kinder sollten die Möglichkeit haben, einen breiten Gefühlswortschatz zu entwickeln. Fachkräfte können sie dabei unterstützen, indem sie facettenreiche Gefühlswörter verwenden. Treten Fachkräfte jedoch mit der Haltung „Ich weiß, was du fühlst!" in die Interaktion mit dem Kind, dann legen sie ihm etwas in den Mund. Das wäre übergriffig und gewaltvoll. Tasten sie sich jedoch langsam heran, gemeinsam mit dem Kind auf der Suche, bleiben fragend und empathisch, dann vermitteln sie die Botschaft: „Ich will wirklich wissen, wie es dir geht, und wir finden es gemeinsam heraus!" Letztlich kann nur Gustav selbst wissen, was er genau fühlt und wie intensiv er fühlt. Seine Gefühle gehören ihm, und kein Mensch kann sie ihm einreden oder nehmen. Gefühle dürfen sein.

Von der Sprachgewalt zum Wörterzauber

GEFÜHLE LEUGNEN	GEFÜHLE ANNEHMEN
Was soll denn das Theater?	„Du ärgerst dich, weil du noch länger draußen im Garten bleiben möchtest, oder?"
Jetzt reiß dich mal zusammen!	„Brauchst du etwas von mir? Ich bin für dich da, egal was du fühlst. Alle Gefühle sind erlaubt und in Ordnung! Möchtest du in meine Arme kommen?"
Die Ina ist jetzt beleidigt (abfällig).	„Bist du wütend? Erzähl mal, was hat dich so wütend gemacht?"

10 „Nicht da hochklettern!" Von der negativen zur positiven Sprache

Wie oft passiert es im Alltag, dass Fachkräfte Kindern sagen, was sie nicht tun sollen: „Spring nicht da runter!" „Nimm nicht den Stock!" „Hör auf, zu schubsen!" Die verneinenden Worte „nicht!", „nein" und „kein" erzeugen im Kopf Bilder von Rückschritt, Pessimismus und Limitierung, nicht aber von nach vorne gerichteter Energie, die eine positive Klarheit in sich trägt. Sprache kann negative Bilder hervorrufen oder schafft es, Zuversicht und Optimismus zu vermitteln.

Das Beispiel

Abraham betrachtet in der Leseecke vertieft ein Bilderbuch. Kurz darauf stürmt Till herbei und reißt ihm das Buch aus der Hand. Abraham beschwert sich und ruft: „Mann, Till, lass das!" Fachkraft Cora bemerkt die Situation und ruft: „Nicht Abraham das Buch aus der Hand reißen!" Jetzt hat Abraham ein neues Buch in der Hand und Till entreißt es ihm ebenfalls. Cora ist gerade abgelenkt. Doch als Till an Abraham vorbeiläuft und ihm einen seiner Hausschuhe auszieht, sagt Cora etwas genervt: „Mensch Till, nicht die Hausschuhe klauen!"

Was ist hier passiert?

Fachkraft Cora ist es ein Anliegen, Till zu sagen, dass er Abraham nicht ärgern soll. Abraham macht deutlich, dass ihn das Verhalten von Till ärgert und er das nicht will. Diese Grenze von Abraham sollte Till respektieren. Durch ihre Aussagen möchte Cora Abraham also schützen. Doch trotz Coras Mahnungen wiederholt Till seine Handlung immer wieder und hört nicht damit auf. Cora fragt sich, woran das liegen mag: Reagiert Till absichtlich nicht auf die Anweisungen, möchte er provozieren oder hört er einfach nicht?

Dafür gibt es eine einfache Erklärung: Bei den Worten **„nein“**, **„nicht“**, **„kein“**, **„lass das“** handelt es sich um Negativsprache oder negierende Sprache. Till erfährt von Cora zwar, was er nicht tun soll, erhält aber keine Botschaft, was er stattdessen tun könnte. Doch Till möchte sich ein Bedürfnis erfüllen, das sich hinter seinem Verhalten verbirgt (siehe Seite 111). Deshalb verunsichert es Till, wenn er nur hört, was er lassen soll. Er hat so keine Möglichkeit, seine Handlungsweise zu verändern, weil er nicht weiß, wie.

Wer in die Wörter “nein” oder “nicht” hineinspürt, stellt schnell fest, wie sie wirken: Sie engen ein, sind bestimmend, verärgernd, unterdrückend und kritisierend. So leuchtet es ein, dass Till nicht auf die Sätze von Cora reagiert, spürt er doch innerlich vermutlich Abwehr. Im Gehirn löst das Wort „nein“ einen reaktiven Mechanismus aus, und „wenn das Nervensystem reaktiv ist, befindet es sich in einem Reaktionszustand von Kampf, Flucht oder Erstarrung, in dem es fast unmöglich ist, sich in offener und fürsorglicher Weise mit einem anderen Menschen zu verbinden“ (Siegel & Bryson 2017, S. 171). Menschen reagieren bei negierenden Worten also mit Abwehr, Nicht-Reaktion oder Weggehen. So auch Till: Er reagiert nicht.

Im **Ja-Modus,** also in einem positiv zugewandten Miteinander, reagiert das Gehirn hingegen ruhig, friedvoll, leicht, öffnend; die Muskeln entspannen sich, der Blutdruck und die Herzfrequenz verlangsamen sich. In diesem entspannten Modus sind Kinder empfänglicher und kooperativer (Siegel & Bryson 2017, S. 172).

Bei der Formulierung kommt es also darauf an, worauf die Aufmerksamkeit gerichtet wird, denn die Energie folgt der Aufmerksamkeit. Worauf wir Aufmerksamkeit richten, das bestärken wir, das wird wachsen. Wenn wir den Fokus auf nicht Gelingendes legen, unterstützen wir das zugrunde liegende Verhalten.

Auch neurowissenschaftlich lässt sich gut begründen, warum Aufmerksamkeit für das Negative ineffektiv ist. In dem Gehirnareal, wohin wir über unsere Sprache Aufmerksamkeit lenken, werden Neuronen aktiviert und vernetzen sich mit anderen Neuronen (vgl. Siegel & Bryson, S. 150). Man kann sich das vorstellen wie eine Taschenlampe im Kopf: Es entstehen genau dort Verbindungen, worauf der Lichtkegel gerichtet ist (**Neuroplastizität**). Das bedeutet: Wenn Cora sagt „nicht das Buch wegnehmen!", richtet sie die Aufmerksamkeit auf „das Buch wegnehmen" und bei „nicht die Hausschuhe klauen!" auf „Hausschuhe klauen". Durch Negationen richten wir also die Aufmerksamkeit auf das von uns Erwachsenen negativ bewertete Verhalten. Dadurch heben wir das Verhalten noch hervor, das wir eigentlich abschwächen wollen.

Negationen werden vom Gehirn wegrationalisiert, um die Informationsverarbeitung zu erleichtern. Das konnte 2008 in der **Studie** "True or False? How Our Brain processes Negative Statements" der Tufts University von Amerika herausgefunden werden (vgl. Nieuwland & Kuperberg 2008). Negierende Sätze kann das Gehirn schlechter verarbeiten als positiv formulierte Sätze. Fast jedem wird in diesem Zusammenhang die Geschichte mit dem rosa Elefanten einfallen. Wenn wir sagen „Denke nicht an den rosa Elefanten!", wird das Gegenüber automatisch den rosa Elefanten vor Augen haben, obwohl nicht daran gedacht werden soll.

Durch eine positive Sprache dagegen kann die Aufmerksamkeit auf das erwünschte Verhalten gerichtet werden. Zudem fördert sie die seelische Widerstandskraft (Resilienz) der Kinder. Sie lernen durch diese Art der Sprache, nach vorne zu blicken, konstruktiv zu denken, optimistisch und lösungsorientiert zu handeln. Sie lernen, wie Frustrationen und Schwierigkeiten in konstruktive Energie umgewandelt werden können.

Was kann Cora stattdessen tun?

Damit Cora Till Sicherheit geben kann, sollte sie ihn wissen lassen, was sie genau von ihm möchte. Dadurch verfügt er über konkrete Handlungsmöglichkeiten. Grundsätzlich sollten pädagogische Fachkräfte den Kindern in positiv formulierten Sätzen sagen, was sie tun sollen, anstatt anzuweisen, was sie nicht tun sollen. „Lasst uns das Licht dorthin lenken, wo wir hoffen dürfen, das zu finden, was wir suchen“ (Rosenberg 2016, S. 19).

Von der negativen zur positiven Sprache

Wenn Till Abraham das Buch aus der Hand reißt, könnte Cora sagen: „Gib Abraham das Buch wieder zurück!" Und wenn er ihm den Schuh auszieht, kann sie ebenfalls positiv formulieren, was sie von ihm möchte: „Gib Abraham bitte den Schuh zurück!"

Dabei ist es wichtig, auch hinter das Verhalten von Till zu schauen und sich zu fragen, was sein Ziel ist und was er mit dem Wegnehmen erreichen möchte.

Mithilfe des Ja-Mantras (vgl. Wedewardt & Hohmann 2021, S. 60) kann Cora mit Till ins Gespräch gehen, um seine Motive herauszufinden. Hinter dem Verhalten des Wegnehmens kann sich zum Beispiel das Bedürfnis nach Kontakt verbergen. Till wünschte sich, mit Abraham zu spielen. Er konnte sein Bedürfnis jedoch nicht ausdrücken, weil ihm die Handlungsstrategien fehlten, um sozial angemessen Kontakt herzustellen. Die negierende Sprache hilft ihm dabei nicht weiter. Er benötigt stattdessen Worte, die Handlungsoptionen benennen und enthalten, was er konkret tun kann: „Du möchtest mit Abraham spielen? Du kannst ihn fragen, ob du mit ihm spielen darfst."

Von der Sprachgewalt zum Wörterzauber

NEGATIVE SPRACHE	POSITIVE SPRACHE
Nicht auf den Stuhl steigen, das ist kein Klettergerüst!	„Bleib bitte unten!" „Komm wieder runter vom Stuhl!"
Nicht den John umfahren!	„Fahr an John vorbei!"
Nicht die Füße auf den Tisch legen!	„Lass deine Füße bitte unter dem Tisch!"

11 „Setz dich ordentlich hin!" Klare Sprache bevorzugen

Damit Kinder kooperieren können, brauchen sie Fachkräfte, die ihre Erwartungen klar und authentisch zum Ausdruck bringen. Auf die Kinder prasseln im Kita-Alltag so viele Eindrücke ein, die sie verarbeiten müssen; da benötigen sie Klarheit und Eindeutigkeit in der Sprache. Unklare Worte und komplexe Sätze, die sie überfordern, machen es Kindern hingegen schwer bis unmöglich, die Erwartungen der pädagogischen Fachkräfte zu verstehen und umzusetzen.

Das Beispiel

Am Esstisch kippelt die dreijährige Mira mit dem Stuhl, dreht sich weg vom Tisch, steht auf und läuft durch den Raum. Fachkraft Thomas fragt Mira: „Willst du dich nicht mal wieder hinsetzen?" Mira läuft weiter im Raum umher. Irgendwann setzt sie sich und kippelt wieder mit dem Stuhl. „Komm, setz dich mal ordentlich hin!", bittet Thomas. Mira steht wieder auf. In etwas ärgerlichem Ton sagt Thomas nun: „Mira, jetzt benimm dich mal und setz dich vernünftig an den Tisch!"

Was ist hier passiert?

Fachkraft Thomas scheint in unserem Beispiel genauso verunsichert zu sein wie Mira. Diese Unsicherheit drückt sich wiederum in seiner unklaren Sprache aus: Was möchte er genau? Was ist ihm wichtig? Was will er Mira wirklich mitteilen? Was braucht Mira, und was braucht Thomas? Was kann Thomas tun, und was kann Mira tun?

„Willst du dich nicht mal wieder hinsetzen?!"

Dieser Satz verunsichert. Er wird als Frage formuliert und lässt somit offen, ob es eine ernstgemeinte Frage ist, die auch mit „Nein" beantwortet werden könnte, oder ob es sich um eine Aufforderung an das Kind handelt. Das Wort „nicht" verwirrt zusätzlich und macht es dem Gehirn schwer, die passende Information herauszufiltern. Für Mira bleibt die Frage offen, ob sie sich nun hinsetzen soll oder nicht. Thomas will vermutlich nicht streng sein und traut sich deshalb keine klare Sprache zu.

„Komm, setz dich mal ordentlich hin!"

In diesem Satz transportiert das Wörtchen „mal", dass nicht klar ist, ob es sich um den jetzigen Zeitpunkt handelt oder ob es um ein anderes Mal geht. Mira kann also zweifeln: Soll ich die Aufforderung jetzt befolgen oder ein andermal? Auch das Wort „ordentlich" macht es Kindern schwer, zu begreifen, was damit genau gemeint ist. Was bedeutet ordentlich? Das Wort ist zu abstrakt und zu allgemein. Hinzu kommt, dass jeder Mensch etwas anderes unter dem Begriff „ordentlich" versteht.

„Mira, jetzt benimm dich mal und setz dich vernünftig an den Tisch!"
Ebenso wie „ordentlich" ist „vernünftig" ein abstrakter Begriff, der für Kinder nur schwer fassbar ist. Das bedeutet: Die Formulierung macht es Mira schwer, die Aufforderung zu befolgen. Auch das Wort „benehmen" kann ein Kind nur selten dechiffrieren. Was bedeutet es, sich zu benehmen? Zu bedenken ist auch, dass sich am Tisch benehmen etwas anderes bedeuten kann, als sich im Turnraum zu benehmen oder im Ruheraum. Es bleibt für Kinder also schwierig, einen solch abstrakten Begriff richtig einzuordnen und umzusetzen – auch, weil er für jede Fachkraft etwas anderes bedeuten kann.

Was kann Thomas stattdessen tun?

Um Klarheit in seine Sprache zu bringen, benötigt Thomas auch **Klarheit** in seiner Haltung. Er sollte in einem ruhigen Moment und/oder mit Unterstützung des Teams reflektieren, wie er mit dieser oder einer ähnlichen Situation umgehen möchte:

- Welche Regeln gelten am Esstisch und warum?
- Was zeigt das Verhalten von Mira? Was möchte sie damit ausdrücken?
- Wie kann sich Thomas gegenüber Kindern verhalten, die bereits satt sind und nicht mehr mit am Tisch sitzenbleiben wollen? Können sie schon aufstehen und spielen gehen?
- Welche Werte sind mir am Esstisch wichtig und warum? Will ich, dass alle Kinder beim Essen ruhig sind und warum? Sollen sie so lange sitzenbleiben, bis alle fertig sind? Können Kinder das in dem Alter leisten? Und was soll ich tun, wenn Kinder diese Regeln nicht befolgen?
- Was ist mir in dieser Situation wichtig und was den Kindern?
- Bevor Thomas also eine **klare Sprache** entwickeln kann, benötigt er **Klarheit in sich selbst.** Er kann auch (schriftlich) reflektieren, was für ihn die Worte „vernünftig", „ordentlich" und „benehmen" bedeuten, was er damit genau erreichen möchte. Wenn eine Situation auftritt, in der ihm diese Wörter über die Lippen huschen wollen, kann er seinen Reflexionszettel zur Hilfe nehmen, um Klarheit zu erlangen.

Eine klare Sprache bedeutet nicht unbedingt, streng zu sein. Viel eher ist damit gemeint, seine eigene **Entschlossenheit** durch die Klarheit der Worte auszudrücken. Es braucht keine erhobene Stimme oder einen strengen Blick. Wenn es Fachkräften gelingt, genau und nachvollziehbar zu formulieren, was ihnen wichtig ist, erreicht diese Botschaft auch die Kinder.

Eine klare Sprache ist geprägt von klaren Werten. Bei Anweisungen und Befehlen stehen jedoch der Machtgedanke und das „Durchdrücken" von Regeln im Vordergrund. Es ist also eine Frage der Haltung, ob eine Fachkraft aus reflektierten Überzeugungen heraus handelt oder die Annahme leitend ist, dass Kinder gehorchen müssen.

Klare Sprache nutzen

Statt eine Frage zu stellen („Willst du dich nicht mal wieder hinsetzen?"), sollte Fachkraft Thomas konkret benennen, was er von Mira erwartet: „Mira, setz dich bitte wieder auf deinen Stuhl an den Tisch, damit die anderen Kinder in Ruhe essen können."

Statt „Komm, setz dich mal ordentlich hin!" kann Thomas in positiver Weise formulieren, was er von Mira möchte: „Der Stuhl soll bitte mit allen vier Füßen auf dem Boden stehenbleiben, damit er heile bleibt!" Thomas gibt Mira dadurch eine klare Handlungsoption, die nach vorne gewandt ist und ohne ein „Nicht" auskommt.

Auch in diesem Fall ist es wichtig, zu hinterfragen, warum Mira nicht mehr isst, stattdessen mit dem Stuhl kippelt, sich umdreht und dann wegläuft: Ist ihr langweilig? Ist sie satt? Diese möglichen Gründe sollte Thomas zur Sprache bringen: „Mira, du hast wohl keinen Hunger mehr, kann das sein?" „Du bist satt und möchtest aufstehen, oder?"

Wenn die Übereinkunft besteht, dass Kinder, die satt sind, aufstehen dürfen, kann Thomas auch klar sagen: „Mira, wenn du satt bist, räume bitte deinen Teller in den Wagen und geh ins Spielzimmer!"

Von der Sprachgewalt zum Wörterzauber

UNKLARE SPRACHE	KLARE SPRACHE
Seid fair zueinander!	„Wenn einem von euch beiden das nicht mehr gefällt, sagt ihr ‚Stopp', o.k.?"
Zieh dich an!	„Zieh jetzt bitte deine Hausschuhe aus. Nun stell die Hausschuhe ins Regal. Nimm deine Straßenschuhe aus dem Regal ..." (schrittweise Unterstützung)
Iss anständig!	„Nimm bitte die Gabel, um die Kartoffeln zu essen."
Räum bitte auf!	„Bring bitte die Puppe in das Puppenbett." „Räume bitte alle blauen Sachen an ihren Platz." „Nimm die Kiste mit den Legosteinen und stell sie neben die grüne Kiste."
Sei bitte vorsichtig!	„Halte dich gut an dem Seil fest!" „Achte darauf, dass alles auf dem Teller bleibt, wenn du ihn zum Geschirrwagen trägst."

Exkurs: Die Wörtchen „gleich“ und „bald“

Kita-Kinder leben im Hier und Jetzt. Die Zeitwahrnehmung beginnt erst zwischen drei und sechs Jahren. Das bedeutet: **Zeitangaben** sind für sie generell schwer greifbar. Von „gestern”, „morgen”, „letzte Woche” oder „gerade eben” haben Kita-Kinder meist noch keine wirkliche Vorstellung. Zeitempfinden ist bei Menschen zudem höchst unterschiedlich und subjektiv.

Die Zeitangaben „gleich” oder auch „bald” sind generell unklar und schwammig. Wie lange ist „gleich“? Manchmal kommt Thomas sofort, wenn er „gleich” sagt, manchmal dauert es länger und manchmal kommt er auch gar nicht. Es ist für Kinder – und auch für Erwachsene – also schwer nachvollziehbar, was mit diesen Wörtern gemeint ist.

Hier einige Tipps:
Statt: „Gleich komme ich zu dir!”
Eher: „Wenn ich mein Brot aufgegessen habe, komme ich zu dir, versprochen.”

Statt: „Ich komme gleich aus der Pause wieder!”
Eher: „Wenn der große Zeiger oben ist, dann komme ich aus der Pause wieder.“

Statt: „Deine Mama kommt gleich wieder!”
Eher: „Wenn du geschlafen hast, dann kommt deine Mama wieder.“

Diese Versprechen sollten pädagogische Fachkräfte unbedingt einhalten, denn sonst lernen die Kinder, dass sich Warten nicht lohnt und sie sich auf die Fachkraft nicht verlassen können.

12 „Komm jetzt mit!“ Bitten statt Forderungen

Wenn Bedürfnisse wirklich gesehen werden, besteht der Dialog entweder aus einer „Bitte” oder aus einem „Danke”. Menschen geben entweder durch eine Bitte Auskunft darüber, was sie brauchen, um sich ihre Bedürfnisse zu erfüllen, oder aber sie bedanken sich dafür, dass das Gegenüber zur Bedürfniserfüllung beigetragen hat. Eine Forderung hingegen enthält häufig versteckte Drohungen, manipulative Elemente oder Bewertungen, die das Gegenüber entweder zum Rückzug animieren oder zur Rebellion. Jedoch: „In Kindertagesstätten sind Bitten nicht so sehr an der Tagesordnung, dafür aber Erwartungen oder Forderungen” (Leitner 2020, S. 134).

Das Beispiel

Fachkraft Susanne bemerkt, dass der zweijährige Benni etwas in seiner Windel hat. Sie möchte ihn gerne wickeln und sagt: „Benni, komm mit, ich wickele dich jetzt!” Benni sagt sofort „Nein!” und läuft weg. Er zeigt damit deutlich, dass er das Wickeln ablehnt. „Benni, wir müssen dich jetzt wickeln, komm jetzt bitte mit!“ Doch Benni läuft noch weiter weg und ruft laut: „Nein, ich will nicht!” Dabei versteckt er sich. „Gleich hab ich dich!”, ruft Susanne in spielerischem Ton, läuft zu Benni, schnappt ihn und trägt ihn unter seinem Protest zum Wickeltisch.

Was ist hier passiert?

Susanne spricht mit den Worten „Benni, komm mit, ich wickele dich jetzt!" eine Forderung aus, die dem Jungen keinen Raum für selbstständige Entscheidungen lässt. Die Fachkraft bestimmt, was gemacht wird. Auch ihre folgenden Handlungen zeigen – wenngleich sie spielerisch aussehen –, dass es sich wieder um Forderungen handelt und nicht um eine echte Bitte. Der entscheidende Unterschied ist, dass Benni bei einer Bitte die Handlung freiwillig ausführt und „Nein" sagen darf. Sein Protest macht deutlich, dass er sich gegen die Forderung von Susanne auflehnt. Der Rückzug oder die Rebellion des Gegenübers zeigt meist eindeutig, ob es sich um eine Bitte oder eine Forderung handelt.

Auch wenn Susanne das Wort „bitte" verwendet („Benni, wir müssen dich jetzt wickeln, komm jetzt bitte mit!"), handelt es sich hier um keine echte Bitte. Vielmehr ist darin eine versteckte Drohung enthalten. Wenn Benni nicht mitkommt, könnte etwas Unangenehmes folgen. Schließlich ergibt er sich vermutlich der Situation, weil er genau weiß, dass sein Protest nicht gesehen wird.

Hinter dem „Nein" von Benni steckt ein unbefriedigtes Bedürfnis. Er möchte nicht provozieren oder aufbegehren. Wir dürfen nie vergessen: Kinder sind grundsätzlich Teamworker und wollen akzeptiert und angenommen werden. Sie stehen für sich selbst ein – ein „Nein" zu anderen ist ein „Ja" zu sich selbst. Bei Benni ist es wichtig, seine Entwicklungsphase mit zu berücksichtigen, in der die Bedürfnisse nach Autonomie und Selbstbestimmung zentral sind.

Was kann Susanne stattdessen tun?

Um eine echte Bitte auszusprechen, muss Susanne vom Modus „Du machst das so, weil ich es sage!" wegkommen. Das Wichtige an einer Bitte ist, dass für Susanne auch ein „Nein" von Benni legitim ist. Sonst ist es keine Bitte mehr, sondern eine Forderung. Wenn Benni also „Nein" sagt, ist das sein gutes Recht. Susanne sollte die Bitte ohne Druck, ohne das Gefühl einer Unter- oder Überlegenheit, kraftvoll und gleichzeitig mit sich selbst in Verbindung zum Ausdruck bringen.

Für ihr unerfülltes Bedürfnis ist Susanne weiterhin selbst verantwortlich und kann sich deshalb fragen: Um was geht es mir bei der Wickelsituation? Was ist mir wichtig, warum möchte ich Benni jetzt sofort wickeln? Zur Erfüllung ihres Bedürfnisses nach Sauberkeit, Ordnung oder Struktur sollte sie sich andere Wege suchen, kreativ werden, Raum lassen, durchatmen und/oder eine neue Bitte an Benni formulieren.

Wenig hilfreich ist es, wenn Susanne Recht haben will und darauf beharrt, dass ihr Weg „gewinnt" (vgl. Leitner 2020, S.138). Wir nutzen meist nur den einen bekannten Weg und bemerken nicht, dass es noch viele andere Möglichkeiten gibt. Susanne sollte also offen für Kompromisse sein. Solange sie sich selbst jedoch mit ihren eigenen Bedürfnissen etwa nach Respekt und Wertschätzung vernachlässigt, bleibt sie im Mangel und erreicht ihren Adressaten, also Benni, nicht.

Auch die Einfühlung in Benni ist ein wichtiger Schritt, um in Verbindung zu bleiben und eine Bitte aussprechen zu können. Nur wenn auch er mit seinen Bedürfnissen gesehen wird, kann er sich für Susannes Anliegen öffnen. So sollte sie zum Beispiel sein Autonomiebedürfnis wahrnehmen und benennen.

Echte Bitten formulieren

Dazu gehört:

- Das eigene Gefühl benennen
- Die Bitte positiv formulieren
- Eine konkrete Handlung benennen
- Eine realisierbare Handlung benennen
- Eine Handlung im Hier und Jetzt benennen

Sich bedanken

Immer wenn Kinder dazu beitragen, dass unser Bedürfnis erfüllt wurde, können wir uns dafür **bedanken.** Das macht sie stolz und erfüllt wiederum ihre Bedürfnisse nach Anerkennung, Wertschätzung, Kontakt, Teilhabe und Selbstwirksamkeit. Viel zu selten bedanken wir uns dafür, dass Kinder Unterstützung leisten, warten, kooperieren oder sonstige Handlungen ausführen, die uns bei der Erfüllung der eigenen Bedürfnisse hilfreich sind. Viel zu häufig sehen wir nur, was nicht gut läuft, Forderungen, denen Kinder nicht nachkommen. In der Folge schauen auch die Kinder immer mehr auf das, was nicht klappt. Leben wir ihnen jedoch vor, wie wir uns immer wieder bei unserem Gegenüber bedanken, weil er oder sie gerade eine Bereicherung für uns selbst ist und zur Erfüllung eines eigenen Bedürfnisses beigetragen hat, legen auch die Kinder ihr Augenmerk auf das Schöne. Dankbarkeit muss also nicht erzwungen, sondern vorgelebt werden.

Susanne könnte ihre Aufmerksamkeit im Kita-Alltag auf die Momente richten, in denen ein Kind kooperiert, in denen ein Kind zu ihrem Wohlbefinden beiträgt, und sich dafür bedanken:

- „Danke, dass du mich gefragt hast, ob du dir eine Schere nehmen kannst. So fühle ich mich sicherer und kann darauf achten, dass dir nichts passiert!"
- „Danke, dass du dir selbstständig die Schuhe angezogen hast. Das freut mich sehr. So konnte ich mich mehr um Bea kümmern. Das hat mir wirklich die Arbeit erleichtert!"
- „Danke, dass du Bescheid gesagt hast, bevor du nach draußen gegangen bist. So weiß ich, wo du bist!"

Bitten und danken

Susanne könnte durchaus sagen: „Benni, deine Windel ist voll. Ich möchte dich wickeln. Geh schon mal zum Wickeltisch!" Dabei ist ihr jedoch klar, dass Benni ganz selbstverständlich die Option hat, „Nein“ zu sagen.

Sagt Benni dann auch „Nein!“, könnte Susanne sein Autonomiebestreben annehmen und honorieren: „Du sagst ´Nein´! Du willst selbst bestimmen, wann du gewickelt wirst. (Pause und Reaktion des Kindes abwarten). Und vielleicht willst du auch entscheiden, wo wir wickeln?" Darauf wird Benni wahrscheinlich mit einem „Ja" antworten, weil er mit seinem Autonomiebedürfnis gesehen wurde und eine weitere Entscheidungsmöglichkeit angeboten bekommt.

Susanne könnte nun ihr eigenes Bedürfnis anbringen: „Weißt du, mir ist es wichtig, dass du sauber bist. Ich möchte, dass du gesund bleibst!" Auch wenn ein zweijähriges Kind noch nicht alle Worte verstehen kann, wird es die Botschaft durchaus wahrnehmen und die weiterhin eingenommene Haltung einer Bitte nachvollziehen können.

Jetzt könnte Susanne ergänzen, dass Benni Bescheid geben soll, wenn er soweit ist: „Sagst du mir, wenn wir wickeln können? Ich wickele inzwischen Bea. Ich komme, wenn du bereit bist!“ Nach einer Weile könnte Susanne Benni erneut fragen: „Und, bist du jetzt bereit? Zeig mir, wo ich dich jetzt wickeln kann." Mit dieser Information macht Susanne deutlich, dass ihr das Wickeln wichtig ist, wenngleich sie weiterhin zeigt, dass sie für ein „Nein" offen ist. Für Benni gibt es zudem eine erneute Entscheidungsmöglichkeit, um seinem Autonomiebestreben nachkommen zu können: die Wahl des „Wo“. Susanne könnte Benni auch entscheiden lassen, wie er gewickelt werden möchte, ob im Stehen oder im Liegen, auf dem Boden oder auf dem Wickeltisch. Wenngleich sie innerlich die klare Haltung vertritt, dass die Windel demnächst gewechselt wird, lässt sie Benni Entscheidungsfreiräume innerhalb ihres gesteckten Rahmens. Manchmal braucht es für Kinder in der Autonomiephase nur ein paar Minuten der freien Entscheidung, bevor sie gerne kooperieren.

Exkurs: Information statt Bitte

Wenn alle Kinder der Gruppe einen Ausflug machen und es keine Option gibt, dass ein Kind in der Kita bleibt, ist eine Bitte nicht möglich. Denn ein „Nein" könnte nicht akzeptiert werden. Kinder haben ein feines Gespür und merken durch die Art der Ansprache der Fachkraft schnell, wie wichtig ihr etwas ist. Manchmal macht es Sinn, von Beginn an eine Information zu formulieren und keine Bitte, weil klar ist, dass ein „Nein" keine Option darstellt.
Folgende Punkte gehören dazu, um eine Information zu senden:

- Keine Fragen stellen: „Wollt ihr einen Ausflug machen?" bringt nichts, wenn es keine Option für ein „Nein" gibt..
- Keine Suggestivfragen stellen: „Ihr wollt doch zum Spielplatz, oder?" stellt keine echte Frage mit Entscheidungsmöglichkeit dar.
- Klare Ansage formulieren: „Wir gehen jetzt auf den Spielplatz, zieht euch an." Die Kinder wissen, was zu tun ist, ohne sie mit Worten zu überfordern.
- Die Information bei Bedarf begründen: „Heute kannst du leider nicht in der Kita bleiben, weil keiner mehr im Haus ist."

Auch bei einer Information kann es sein, dass Kinder damit nicht einverstanden sind. Das müssen sie auch nicht. Die Fachkraft hat die Wichtigkeit des Vorhabens (ihr Bedürfnis) deutlich gemacht: „Wir gehen alle zum Spielplatz!" Wenn ein Kind dagegen rebelliert, wütend oder traurig wird, gehört das dazu, und es ist Aufgabe der Fachkraft, für das Kind da zu sein, seine Gefühle zu begleiten und womöglich den Grund dafür zu erörtern.

Von der Sprachgewalt zum Wörterzauber

FORDERUNG	BITTE / DANK
Seid leise beim Essen!	„Bitte sprecht etwas leiser. Ich fühle mich gestresst und brauche Ruhe!"
Bitte hab einfach Geduld!	„Ich bin momentan etwas überfordert. Das ist mir einfach zu viel! Bitte frag doch mal Lisa, ob sie dir helfen kann."
Räum jetzt die Bauklötze in die Kiste!	„Danke, dass du eben die Bauklötze in die Kiste geräumt hast, so kann ich sicher durch den Raum gehen."

13 „Ich hab's dir doch gesagt?!" Verantwortung übernehmen

Über unsere Sprache zeigen wir, ob wir Verantwortung für unsere Gefühle, unsere Gedanken und letztlich unser Handeln übernehmen oder nicht. Um die Kinder nicht für eigene Gefühle und Bewertungen verantwortlich zu machen, braucht es Fachkräfte, die sich bewusst sind, welche Verantwortung sie tragen und wie sie sie nach außen kommunizieren. Sind Erwachsene sich ihrer Verantwortung bewusst und bringen sie sie zur Sprache, leben sie den Kindern vor, dass jeder Mensch seines eigenen Glückes Schmied ist und jederzeit Entscheidungen treffen kann.

Kinder können durch die verantwortungsbewusste Sprache der Erwachsenen lernen, wie sie für sich selbst Verantwortung übernehmen können und sich nicht für das Wohl anderer verantwortlich fühlen müssen. Dadurch können Kinder verstehen, wie es möglich ist, sich von Abhängigkeiten zu lösen und die eigene Kraft zu nutzen.

Das Beispiel

Die fünfjährige Lotti ist wütend. Sie möchte nicht mit in den Turnraum gehen und lieber noch mit ihrer Freundin aus der Parallelgruppe im Kostümraum bleiben. Fachkraft Hanne sagt: „Das geht jetzt aber nicht, Lotti! Wir wollen dort den Morgenkreis machen. Du musst jetzt mitkommen!" Lotti beginnt, vor Wut ihre Hausschuhe nach Hanne zu werfen. „Lotti, das macht man aber nicht!" Lotti hört nicht damit auf. „Hanne will das nicht!", sagt Hanne und wird selbst wütend. Sie weiß nicht mehr weiter, Lotti hört nicht auf sie. Aus ihrer Verzweiflung und Wut heraus sagt Hanne: „Du bringst mich echt zur Weißglut, Lotti!"

Was ist hier passiert?

Aus lauter Überforderung schreibt Hanne die Verantwortung für die Situation Lotti zu. Lotti möchte die Anweisungen von Hanne nicht befolgen und wird wütend. Sie zeigt deutlich, dass sie damit nicht einverstanden ist. Das ist ihr gutes Recht. Sie möchte gehört werden und mitbestimmen dürfen.

„Du musst jetzt mitkommen!"

Das Wörtchen „müssen" ist ein Beispiel dafür, wie Verantwortung durch Sprache abgegeben werden kann. Wird das Wort „müssen" gebraucht, scheint es ein „von außen" beschlossenes Gesetz zu geben, das die Entscheidungen bestimmt. Hanne nimmt sich also durch dieses Wort aus der Beziehung zu Lotti heraus, sie scheint als Mensch abwesend. Sie leugnet ihre eigene Rolle eines authentischen Gegenübers und die Verantwortung für ihr Handeln. Hanne sagt zu Lotti, dass sie muss, und erweckt damit den Anschein, als gäbe es keine Wahlfreiheit. Menschen, die das Wort „müssen" verwenden, sehen die Kraft und Macht nur bei anderen. Das schränkt sie jedoch selbst ein und ist eigentlich ein gewaltvoller Akt gegen sich selbst (vgl. Leitner 2020, S. 35).

Hannes Worte transportieren die Botschaft: In dieser Welt sind wir fremdgesteuert, ich selbst habe kein Mitbestimmungsrecht, keine Möglichkeit, etwas zu verändern! Das Wort „müssen" ist zudem mit Zwang verbunden und hat eine automatische Gegenwehr von Lotti zur Folge. Der durch das Wort „müssen" transportierte Druck erzeugt bei Lotti Abwehr und keine Kooperation. Das angestrebte Ziel, Lotti dazu zu bringen, mitzukommen, rückt damit in weite Ferne.

„Lotti, das macht man aber nicht!"

Auch das Wörtchen „man" wird immer dann verwendet, wenn ich mich als Mensch – sei es aus Überforderung, Hilflosigkeit oder Angst – aus der Verantwortung ziehen möchte. Ich bin selbst nicht verantwortlich, wenn eine äußere, unbekannte Instanz in der Pflicht ist: „man". Aber wer ist eigentlich dieser „man"? Irgendein großer Unbekannter, der weiß, wie wir uns verhalten sollen? Durch das Wörtchen „man“ tun wir so, als gäbe es eine unbekannte Person, einen moralischen Grundsatz, an den wir uns zu halten können, allgemeine Regeln, die für alle gelten. Die verbale Interaktion wird unpersönlich, und es übernimmt keiner die Verantwortung. „Wir schieben lieber etwas oder jemanden vor, um uns der Verantwortung zu entziehen und somit einem Konflikt aus dem Weg zu gehen” (Mierau 2021, S. 138).

Kinder brauchen einen greifbaren Menschen als Gegenüber, an dem sie sich orientieren können, um zu verstehen, was er fühlt und braucht, was die wirklichen Beweggründe sind. Lotti möchte von Hanne ein aus deren Gefühlen und Bedürfnissen entsprungenes, authentisches Feedback. Sie wünscht sich ein starkes Gegenüber, das für die eigenen Bedürfnisse Verantwortung übernimmt und diese so persönlich wie möglich kommuniziert.

„Hanne will das nicht!”

Fachkraft Hanne spricht über sich in der dritten Person und ist damit als Mensch nicht greifbar. Sie ist kein wahrhaftiges Subjekt, mit dem sich Lotti auseinandersetzen kann. Das Gespräch wird unpersönlich, Hanne gibt sich quasi als Person auf. Dadurch können Konflikte nur schwer ausgetragen werden, weil keine Person greifbar ist. Für echte Empathie und ein wahrhaftiges In-Beziehung-sein ist ein authentisches Miteinander wichtig, indem Hanne sich als Mensch zeigt und sagt, was sie ganz persönlich will.

„Du bringst mich echt zur Weißglut!”

Gefühle sind die Signalgeber eigener erfüllter oder unerfüllter Bedürfnisse. Sie entstehen aus einer individuellen Bewertungsschleife im Gehirn. Jeder Gedanke und die blitzschnellen erlernten Bewertungsmuster entscheiden, ob wir wütend werden oder nicht, ob wir das Verhalten des Kindes als Gefahr einstufen, die reaktive Verhaltensmuster wie Kampf, Flucht oder Erstarrung auslöst, oder ob wir uns entscheiden, entspannt zu bleiben (vgl. Wedewardt & Hohmann 2021, S. 48). Das bedeutet: Lotti ist nur der Auslöser für die Gefühle von Hanne, nicht aber die Ursache.

Hanne überträgt die Verantwortung für ihr Gefühl der Wut (Weißglut) auf Lotti, obwohl sie durch ihr eigenes Bewertungssystem im Gehirn selbst für ihre Gefühle verantwortlich ist. So lernt Lotti, dass sie für die Gefühle von Hanne zur Verantwortung gezogen wird. Im schlimmsten Fall missachtet Hanne dabei Lottis Bedürfnisse. So entsteht Abhängigkeit und keine Verantwortung.

Es fällt nicht immer leicht, die eigenen Gefühle zu verantworten, und erst recht nicht, sie zu steuern. Aber man kann es lernen. Schritt für Schritt können die gespeicherten Gehirnspuren verändert werden. Im ersten Schritt entwickelt Hanne ein Bewusstsein, dass ein Kind nicht schuld sein kann an ihren eigenen Gefühlen, und bringt diese Erkenntnis auch in ihrer Sprache zum Ausdruck.

Ähnlich ist es, wenn Erwachsene sagen: **„Du bringst mich an meine Grenzen!"** Es ist nicht das Kind, das mich als Fachkraft an meine Grenzen bringt, sondern ich selbst komme an meine Grenzen. Das ist ein kleiner, aber feiner Unterschied und ganz entscheidend: „Du bringst mich an meine Grenzen" suggeriert dem Kind, dass es mit seinem Verhalten die Verantwortung dafür trägt, dass ich nicht weiterweiß. Kinder fühlen sich folglich schlecht, vielleicht sogar schuldig, und werden womöglich betrübt und verärgert. Die Last der Verantwortung, die eigentlich die Fachkraft als Erwachsene tragen müsste, wirkt sich auf den Selbstwert des Kindes aus. In seinem Selbstbild verankert sich womöglich, dass es verantwortlich ist, damit andere nicht in Hilflosigkeit geraten, und sein Wohlbefinden abhängig von der Gefühlslage anderer Menschen ist. Das macht das betroffene Kind unfrei.

Was kann Hanne stattdessen tun?

Für Kinder reicht es aus, wenn Erwachsene im Alltag überwiegend achtsam und positiv kommunizieren und generell eine Kommunikation der Wertschätzung leben; wenn sie den Kindern verbal die Hand reichen und auf Augenhöhe kommunizieren, ohne Machtgefälle. Dann können Kinder auch verkraften, dass es Tage gibt, an denen es ihren Bezugspersonen einmal nicht gelingt, die volle Verantwortung zu übernehmen und achtsam zu sprechen.

Dennoch ist es wichtig zu verstehen, dass Hanne sich aus ihrer Opferrolle befreien und in ihre eigene Kraft kommen kann. Es ist möglich, dass sie ihren Fokus verlagert, indem sie vom Müssen zum freien Wählen kommt. Sie kann lernen, wie sie ihre Gefühle selbst verantworten kann, auf was ihre Gefühle sie aufmerksam machen und welches Bedürfnis dabei unerfüllt ist.

Schritte in die Verantwortung

- Beobachten: In welchen Momenten gebe ich verbal die Verantwortung ab? Wann sage ich „müssen", wann schreibe ich einer äußeren Instanz oder anderen Personen Verant-wortung zu (z.B. „man")?
- Beobachten: Wann werde ich wütend oder ärgerlich und was ist mein eigenes Bedürfnis dahinter (siehe Bedürfnistabelle auf Seite 111)?
- Fokussieren: Wann kommt welches Gefühl auf und was war der Auslöser?
- Beobachten: In welchen Momenten spüre ich persönliche Grenzen und möchte jemand anderen dafür verantwortlich machen?
- Beobachten: In welchen Momenten möchte ich anderen die Schuld geben (Kindern, Eltern, Kolleginnen und Kollegen) und warum?
- Überlegen: Was kann ich selbst konkret tun, um aus der Opferrolle in ein eigenes verantwortliches Handeln zu kommen. Was ist meine Handlungsoption?

In die Verantwortung zu kommen heißt also, im engen Kontakt mit sich selbst zu sein – die eigenen Gefühle, Bedürfnisse und Grenzen wahrnehmen und erkennen zu können. Das ist ein Lernprozess und geht nicht von heute auf morgen.

Verantwortlich zu kommunizieren bedeutet für eine Fachkraft auch, ehrlich zu sagen, was sie will und was sie nicht will. Das Wort „wollen" hat noch immer ein negatives Image, dabei bringt es deutlich zum Ausdruck, was jemand braucht und wofür er auch klar einsteht. Diese eindeutig übernommene Verantwortlichkeit unterstützt die Kinder in ihrer Persönlichkeitsentwicklung. Sie lernen ebenfalls, klar für sich einzustehen.

Verantwortungsbewusste Sprache

In unserem Beispiel besteht ein Konflikt zwischen Fachkraft Hanne und der fünfjährigen Lotti. Hanne möchte, dass Lotti mit in den Turnraum zum Morgenkreis kommt, und Lotti will lieber im Kostümraum bei ihrer Freundin bleiben. Lotti ist es ein Anliegen, diesen Konflikt auszutragen und zu verstehen, was Hanne wirklich möchte. Sie ist wütend und zeigt deutlich, dass sie mit der Situation nicht einverstanden ist. Darauf sollte Hanne eingehen, nachdem sie ihrer Kollegin im Turnraum gesagt hat, dass sie ein paar Minuten später kommt. Manche würden nun vielleicht sagen, dass Hanne die Zeit, mit Lotti zu sprechen, in der Praxis nicht zur Verfügung hat. Eins ist jedoch sicher: Eine wütende, tobende Lotti mit in den Turnraum zu zerren ist einerseits gewaltvoll, würde andererseits viel länger dauern, und der Morgenkreis liefe wenig harmonisch ab.

Wenn Lotti wütend ist und Hausschuhe wirft, kann Hanne verantwortungsbewusst für sich selbst sagen: „Stopp, Lotti! Ich will nicht mit Hausschuhen beworfen werden! Lass die Hausschuhe an." Hanne vermeidet das Wort „müssen" und „man" und übernimmt damit selbst

Verantwortung für den Ausgang der Situation. Sie kommuniziert klar und persönlich ihre Grenze.

Nun sollte Hanne auf das Anliegen von Lotti eingehen: „Lotti, du willst so gerne noch mit deiner Freundin im Kostümraum bleiben, oder? Deshalb ärgerst du dich auch, weil du nicht damit einverstanden bist, dass du dein Spiel unterbrechen sollst."

Durch die Gefühlssprache und das Spiegeln ihres Bedürfnisses hat Lotti die Möglichkeit, sich zu beruhigen. Sie fühlt sich gesehen und gehört. Das bedeutet, dass ihr Alarmsystem nun nicht mehr notwendig ist und sich deaktiviert.

Lotti wird nun vermutlich sichtlich ruhiger sagen: „Ja genau, weil wir gerade Zauberinnen waren." Und Hanne kann erwidern: „Das kann ich gut verstehen, dass dich das ärgert. Schließlich ist es ja schwierig, so schnell wieder Lotti zu sein, oder?"

Lotti antwortet mit „Ja" und das Gespräch kann weitergehen. Hanne: „Weißt du, mir ist es besonders wichtig, dass unsere Gruppe sich eben für einen kurzen Moment im Turnraum trifft, damit wir das Sommerfest besprechen können. Und du betreust doch auch einen Spielstand. Wärst du bereit, mit in den Turnraum zu kommen, damit wir wichtige Dinge fürs Sommerfest besprechen können?" Lotti: „Ja gut, aber dann nur als Zauberin!" Hanne: „O.k.!"

In diesem Gespräch übernimmt Hanne die Verantwortung für ihr Anliegen sowie ihre Grenzen und verbalisiert sie authentisch und nachvollziehbar. Gleichzeitig nimmt sie Lotti mit ihrem Anliegen ernst und begegnet ihr auf Augenhöhe. Das merkt Lotti und ist bereit, zu kooperieren. So kommen beide in eine echte Verbindung und jede ihr Bedürfnis erfüllt.

Von der Sprachgewalt zum Wörterzauber

VERANTWORTUNG ABGEBEN	VERANTWORTUNG ÜBERNEHMEN
Sowas machen wir hier nicht! (Schaufel wegnehmen)	„Stopp, das will ich nicht! Bitte frag nach der Schaufel. Soll ich dir dabei helfen?"
Du musst teilen lernen!	„Du willst das Auto nicht hergeben. Das ist in Ordnung. Du kannst selbst bestimmen, wann du es hergibst!"
Mach doch, was du willst!	„Ich trage die Verantwortung für dich. Mir ist deine Gesundheit wichtig! Deshalb werde ich mit dir hierbleiben, bis du dir den Sonnenhut aufgesetzt hast."

14 „Na, Süße?!" Verbale Grenzüberschreitungen bewusst machen

Sind Kinder nicht süß? Am liebsten würde man sie den ganzen Tag herzen und knuddeln, oder? Kinder werden aufgrund dieser Annahme auch mit diversen Kosenamen bedacht, die ausdrücken sollen, wie lieb man sie hat. Typische sprachliche Umgarnungen sind „Mäuschen", „Süße", „Püppi" und „Schätzchen", Namen, die manchmal inflationär durch die Zimmer gerufen werden. Diese Kosenamen rutschen Erwachsenen oft einfach so heraus, meist ganz unbewusst oder sogar mit guter Absicht. Doch mögen auch die Kinder diese Verniedlichungen?

Das Beispiel

Fachkraft Joana mag die Kinder in ihrer Gruppe sehr. Sie kann sich gut mit ihnen identifizieren und spürt eine tiefe Verbindung zu ihnen. Am liebsten mag sie Thea mit ihren süßen blonden Locken und dem freundlichen Lächeln. Wenn Joana morgens in den Gruppenraum kommt, geht sie zu jedem Kind und sagt: „Na, ihr Süßen. Ich freue mich so, euch zu sehen!" Für Thea nimmt sie sich besonders viel Zeit und spricht sie wie immer mit „Meine Thea, mein kleines Engelchen" an.

Was ist hier passiert?

Fachkraft Joana meint es gut. Sie ist emotional mit den Kindern verbunden und will ihnen ganz nahe sein. Das ist auch legitim, solange sie die individuellen Grenzen der Kinder nicht aus den Augen verliert. Deshalb sollte sich Joana auch fragen, ob es in Ordnung ist, sie mit „Süße" oder „Engelchen" anzusprechen.

Fragt man die Kinder, ob sie es mögen, mit Kosenamen angeredet zu werden, so antworten die meisten mit „Nein". Für viele Kinder handelt es sich dabei nämlich um eine Grenzüberschreitung. Verständlich, denn „Süße" genannt zu werden, fühlt sich paradoxerweise so an, als würde man abgewertet, verniedlicht, kleiner gemacht, als man ist. Mancher Erwachsene spricht mit (kleinen) Menschen als wären sie ein Kuscheltier, etwas Niedliches, ein Objekt, das gehätschelt werden muss.

Kinder wollen jedoch groß sein, **gleichwürdig als vollwertige Persönlichkeiten** gesehen werden, als Subjekte, die ihr Leben selbst gestalten können, die über sich selbst bestimmen. Sie wollen als Karl, Louis, Mia, Fred und Emma gesehen und geschätzt werden und nicht als kleine süße Püppchen behandelt oder wie Objekte getätschelt werden. Kinder wollen als sie selbst behandelt werden – mit all ihren Interessen, Fähigkeiten und Eigenschaften.

Was kann Joana stattdessen tun?

Es ist wichtig, dass Joana die **Grenzen eines jeden Kindes achtet.** Zu ihrer Aufgaben gehört es, die Kinder zu befähigen, ihre Grenzen zu spüren, also ihre Grenzen zu erfragen. Wenn die Kinder einverstanden sind, sind die verniedlichenden Bezeichnungen keineswegs zu kritisieren. Es kann sogar sein, dass manche Kinder es mögen, so liebevoll angesprochen zu werden. Stecken Kinder aber ihre Grenzen ab und weisen die Kosenamen zurück, sollte Joana sie sich verkneifen.

Und wenn Joana trotz verabredeter Achtung der verbalen Grenzen doch eine gut gemeinte Liebkosung über die Lippen rutscht, hat sie die Möglichkeit, ihr **Bedauern** darüber auszudrücken. Sie wird betonen, dass sie sich nächstes Mal darum bemüht, darauf zu achten. So lernen Thea und die anderen Kinder, wo ihre verbalen Grenzen verlaufen und dass sie sie für sich selbst vertreten können.

Verbale Grenzen achten

„Guten Morgen zusammen!", ruft Joana den Kindern zu, als sie voller Freude in den Gruppenraum kommt. „Hallo Louis, hallo Bea, hallo Lutz, schön, dass ihr alle da seid, ich habe mich so auf euch gefreut!"

Und wenn Joana Thea doch noch einmal als „Engelchen" bezeichnet, kann sie zu ihr gehen und sagen: „Huch, Thea, jetzt habe ich dich doch wieder Engelchen genannt, obwohl du mir letztens gesagt hast, dass du das nicht magst. Ich habe mich einfach so auf dich gefreut. Ich versuche, nächstes Mal darauf zu achten. Mir ist es wichtig, deine Grenzen zu achten."

Von der Sprachgewalt zum Wörterzauber

GRENZÜBERSCHREITUNG	GRENZEN ACHTEN
Hey, Süße!	„Guten Morgen, Lola!"
Meine Paula hat die Gläser geholt.	„Paula hat die Gläser geholt. Darüber freue ich mich sehr, denn jetzt können wir unseren Durst löschen."

15 Seien Sie nachsichtig mit sich! Sprache verändern braucht Zeit

Wenn Menschen eine neue Sprache lernen, brauchen sie Zeit. Mühsam muss das Gehirn neue synaptische Verbindungen aufbauen, durch Wiederholungen, Vertiefungen und immer wieder neue Anwendungen. Es funktioniert nicht von jetzt auf gleich. Genauso ist es mit dem Überdenken gewohnter Sprachmuster, auch wenn die Sprache die gleiche bleibt. Zu Beginn fühlt sich dieser Lernprozess erst einmal etwas komisch und wenig authentisch an. Das Gehirn kennt die neuen Sprachmuster einfach noch nicht. Wer bisher in jedem zweiten Satz das Wort "müssen" verwendet hat, dem fällt es zunächst schwer, diesen Begriff nun wegzulassen und durch ein neues Wort zu ersetzen. Doch alles, was sich verändert und das Gehirn neu lernen muss, scheint zunächst irgendwie seltsam. Stellen wir uns zum Beispiel vor, wie es sich anfühlt, wenn wir plötzlich alles mit der linken Hand tun würden, das wir bisher mit rechts erledigt haben.

Etwas Neues zu lernen ist zunächst schwierig und mühsam, es kostet Zeit und Muße, Beharrlichkeit und Freundlichkeit. Es bedeutet jedoch auch, dass eine Entwicklung geschieht.

Früher ging man davon aus, dass eine Verhaltensänderung nach circa 21 Tagen eintritt. Neuere Erkenntnisse aus einem Forschungsprojekt des University College London zeigen, dass im Durchschnitt 66 Tage bei täglicher Anwendung benötigt werden, um eine zuverlässige Veränderung von Gewohnheiten zu erzielen (vgl. Lally u.a. 2010). Erst dann haben sich einigermaßen verlässliche neuronale Netzwerke gebildet. Um neue Kommunikationsmuster zu erlernen, ist deshalb kontinuierliche Übung ausschlaggebend; auch bei Rückschlägen ist es wichtig, immer wieder das angestrebte Ziel in den Fokus zu nehmen.

Bei der **Veränderung ihrer Sprachgewohnheiten** durchlaufen Menschen gewöhnlich drei Phasen:

1. **Wahrnehmung:** Es fällt auf, wie oft bestimmte Wörter oder Satzmuster genutzt werden.
2. **Anwendung:** Es wird versucht, Sätze umzuformulieren, Worte wegzulassen oder zu ersetzen. Das fällt am Anfang schwer und wird mit der Zeit immer einfacher. Irgendwann fällt auf, wie oft andere diese bestimmten Worte oder Sätze nutzen und man ärgert sich vielleicht sogar darüber.
3. **Integration:** Die neuen Wörter und Sätze werden nun ohne Anstrengung und automatisch angewandt. Formulierungen wurden integriert.

Auch wenn es nicht immer sofort gelingt, achtsam zu sprechen: Seien Sie nachsichtig mit sich! Letztlich kommt es nicht darauf an, jederzeit zuverlässig alle Formulierungen gezielt zu nutzen. Ein Kind spürt, welche Haltung Fachkräfte einnehmen, welche Wertschätzung sie ihm entgegenbringen und ob sie Achtung vor ihm haben.

Es ist durchaus erlaubt, sprachlich auch einmal „daneben" zu liegen. Insbesondere in stressigen Momenten rutschen uns genau die Sätze heraus, die wir nicht sagen wollen. Das ist in Ordnung. Es ist auch nicht schlimm, hin und wieder das Wort „müssen" zu verwenden oder das Wort „gleich". Wichtig ist es, sich beim Sprechen zu beobachten, achtsam zu sein mit den Worten, die wir sagen. Dazu gehört es, *in den entscheidenden Momenten* auf Stigmatisierungen zu verzichten, zu bemerken, wenn wir genderprägende Sprache benutzen, und kurz innezuhalten, wenn wir gerade sagen wollten: „Och, meine Süße!" Entscheidend ist, dass Kinder nicht dauerhaft in Kontakt mit Fachkräften sind, die unüberlegt und alltäglich Worte verwenden, die das Selbstbild und die inneren Glaubenssätze der Kinder negativ prägen können. Schritt für Schritt gehen wir den Weg einer achtsamen Sprache. Wir dürfen auch achtsam und liebevoll mit uns selbst sprechen, so werden wir es auch mit anderen tun.

Literatur

Bausum, J.; Besser, L.-U.; Kühn, M. & Weiß, W. (Hrsg.) (2013): Traumapädagogik: Grundlagen, Arbeitsfelder und Methoden für die pädagogische Praxis. Weinheim: Beltz.

Boroditsky, L. (2012): Wie die Sprache das Denken formt. Verfügbar unter: www.spektrum.de/news/linguistik-wie-die-sprache-das-denken-formt/1145804 (letzter Zugriff: 23.02.2021).

BZgA (2019): Lebensmittel sind keine Erziehungsmittel. Verfügbar unter: www.kindergesundheit-info.de/themen/ernaehrung/gesundes-ernaehrungsverhalten/keine-erziehungsmittel/ (letzter Zugriff: 09.04.2021).

Cain, K. & Dweck, C. (1995): The relation between motivational patterns and achievement cognitions through the elementary school years. Merrill-Palmer Quarterly, 25–52.

Corrigan, P.W.; Watson, A.C. & Barr, L. (2006): The Self-Stigma of Mental Illness: Implications for Self-Esteem and Self-Efficacy. Journal of Social and Clinical Psychology, 25(8), 875–884. Verfügbar unter: https://guilfordjournals.com/doi/10.1521/jscp.2006.25.8.875 (letzter Zugriff: 17.03.2021).

Debray, D. (2021): Ich, der Tisch-Besitzer. Gedanken eines Papas anlässlich des internationalen Tags der gewaltfreien Erziehung. Verfügbar unter: www.unicef.de/informieren/aktuelles/blog/niemals-gewalt-sprueche-aktion/239574 (letzter Zugriff: 02.07.2021).

Dornes, M. (2010): Die Seele des Kindes. Entstehung und Entwicklung. Frankfurt a. M.: Fischer.

Dweck, C. (2017): Selbstbild: Wie unser Denken Erfolge oder Niederlagen bewirkt. München: Piper.

Fritsch, G.R. (2012): Der Gefühls- und Bedürfnisnavigator. Gefühle und Bedürfnisse wahrnehmen. Paderborn: Junfermann.

Fröhlich-Gildhoff, K. & Rönnau-Böse, M. (2019): Resilienz. Stuttgart: utb.

Kohn, A. (2019): Liebe und Eigenständigkeit: Die Kunst bedingungsloser Elternschaft, jenseits von Belohnung und Bestrafung: Arbor.

Kreuziger, A. (2000): Die Grundhaltungen der Personenzentrierten Gesprächstherapie. Verfügbar unter: www.carlrogers.de/grundhaltungen-personenzentrierte-gespraechstherapie.html (letzter Zugriff: 12.04.2021).

Kross, E.; Berman, M.G.; Mischel, W. & Smith, E.E. (2011): Social rejection shares somatosensory representations with physical pain. Proceedings of the National Academy of Sciences 108(15), 6270–6275.

Kuebli, J.; Butler, S. & Fivush, R. (1995): Mother-child talk about past emotions: Relations of maternal language and child gender over time. Cognition and Emotion 9 (2-3), 265–283.

Lally, Ph.; van Jaarsveld, C.H.M.; Potts, H.W.W & Wardle, J. (2009): How are habits formed: Modelling habit formation in the real world. Verfügbar unter: https://onlinelibrary.wiley.com/doi/10.1002/ejsp.674 (letzter Zugriff: 11.08.2021).

Lammers C.-H. (2011): Emotionsbezogene Psychotherapie. Grundlagen, Strategien und Techniken. Stuttgart: Schattauer.

Leitner, B. (2020): Gewaltfreie Kommunikation in der Kita. Wertschätzende Beziehungen gestalten – zu Eltern, Kindern, im Team und zu sich selbst. Paderborn: Junfermann.

Lepper, M.R.; Greene, D. & Nisbett, L. E. (1973): Undermining children's intrinsic interest with extrinsic rewards: A test of the "overjustification" hypothesis. Journal of Personality and Social Psychology, 28, 129–137.

Liebermann, M.D.; Eisenberger, N.; Crockett, M.J.; Tom, S.M.; Pfeifer, J.H. & Way, B.M. (2007): Putting feelings into words: affect labeling disrupts amygdala activity in response to affective stimuli. www.scn.ucla.edu/pdf/AL(2007).pdf (letzter Zugriff: 08.11.2021).

Maccoby, E.E. (2000): Psychologie der Geschlechter. Sexuelle Identität in den verschiedenen Lebensphasen. Stuttgart: Klett-Cotta.

Maletzke, G. (1996): Interkulturelle Kommunikation. Berlin: Springer.

Maywald, J. (2019): Gewalt durch pädagogische Fachkräfte verhindern. Die Kita als sicherer Ort für Kinder. Freiburg: Herder.

Merten, J. (2003): Einführung in die Emotionspsychologie. Stuttgart: Hans Huber.

Mierau, S. (2021): Frei und Unverbogen: Kinder ohne Druck begleiten und bedingungslos annehmen. Weinheim: Beltz.

Mueller, C.M. & Dweck, C.S. (1998): Praise for intelligence can undermine children's motivation and performance. Journal of Personality and Social Psychology. 75 (1), 33–52.

Nieuwland, M.S. & Kuperberg, G.R. (2008): True or False? How Our Brain Processes Negative Statements. Verfügbar unter: www.psychologicalscience.org/news/releases/true-or-false-how-our-brain-processes-negative-statements.html?fbclid=IwAR21EOlIcNl9itoqkmBkvbzmvqvpJsAjfz4tJsOWVu3rsv9dDJLGA0HKRvc (letzter Zugriff: 05.05.2021).

Peter, B. (2015): Einführung in die Hypnotherapie. Heidelberg: Carl-Auer.

Peterman, F. & Wiedebusch, S. (2016): Emotionale Kompetenz bei Kindern. Göttingen: Hogrefe.

Ritz, M. (2020): Adultismus – (un)bekanntes Phänomen: Ist die Welt nur für Erwachsene gemacht? In: P. Wagner (Hrsg.): Handbuch Kinderwelten. Vielfalt als Chance – Grundlagen einer vorurteilsbewussten Bildung und Erziehung, Freiburg: Herder, S. 185–193.

Rosenberg, M.B. (2016): Gewaltfreie Kommunikation. Eine Sprache des Lebens. Paderborn: Junfermann.

Satir, V. (2018): Selbstwert und Kommunikation. Familientherapie für Berater und zur Selbsthilfe. Stuttgart: Klett-Cotta.

Schulz von Thun, F. (2009): Miteinander reden 1: Störungen und Klärungen. Allgemeine Psychologie der Kommunikation. 46. Auflage. Hamburg: rororo.

Siegel, D.J. & Bryson, T.P. (2017): Achtsame Kommunikation mit Kindern. 12 revolutionäre Strategien aus der Hirnforschung für die gesunde Entwicklung Ihres Kindes. Freiburg: Arbor.

Stahl, S. (2015): Das Kind in dir muss Heimat finden: Der Schlüssel zur Lösung (fast) aller Probleme: Kailash.

Vachon, D.D.; Krueger, R.F.; Rogosch, F.A. & Ciccetti, D. (2015): Assessment of the Harmful Psychiatric and Behavioral Effects of Different Forms of Child Maltreatment. JAMA Psychiatry, 72(11), 1135–1142.

Wagner, P.; Hahn, S. & Enßlin, U. (Hrsg.) (2006): Macker, Zicke, Trampeltier ... Vorurteilsbewusste Bildung und Erziehung in Kindertageseinrichtungen. Handbuch für die Fortbildung. Berlin: verlag das netz.

Warneken, F. & Tomasello, M. (2006): Altruistic helping in human infants and young chimpanzees. Science 311, 1301–1303. Verfügbar unter: www.eva.mpg.de/documents/AAAS/Warneken_Altruistic_Science_2006_1555118.pdf (letzter Zugriff: 27.07.2021).

Watzlawick, P.; Beavin, J.H. & Jackson, D.D. (2003): Menschliche Kommunikation: Formen, Störungen, Paradoxien. Bern: Huber.

Wedewardt, L. & Hohmann, K. (2021): Kinder achtsam und bedürfnisorientiert begleiten. Freiburg: Herder.

Welding, C. (2021): Fühlen lernen: Warum wir so oft unsere Emotionen nicht verstehen und wie wir das ändern können. Stuttgart: Klett-Cotta.

Weltzien, D.; Fröhlich-Gildhoff, K.; Rönnau-Böse, M. & Wünsche, M. (2016): Gefühl und Mitgefühl von Kindern begleiten und fördern. Eine Handreichung zur Umsetzung des Orientierungsplans für Kindertageseinrichtungen in Baden-Württemberg. Freiburg: Herder.

Wustmann, C. (2004): Widerstandsfähigkeit von Kindern in Tageseinrichtungen fördern. Berlin: Cornelsen.

Wygotski, L. (1974): Denken und Sprechen. Frankfurt a. M.: Fischer.

Gefühle, wenn Bedürfnisse unerfüllt sind			Gefühle, wenn Bedürfnisse erfüllt sind		
ängstlich	erstarrt	schüchtern	angeregt	friedvoll	neugierig
ärgerlich	frustriert	schockiert	aufgeregt	fröhlich	optimistisch
angeekelt	furchtsam	sorgenvoll	ausgeglichen	gefesselt	ruhig
angespannt	gehemmt	teilnahmslos	befreit	gelassen	satt
voller Angst	gelähmt	überwältigt	begeistert	gespannt	schwungvoll
apathisch	gelangweilt	voller Sorgen	belebt	geschützt	selbstsicher
aufgeregt	genervt	unglücklich	beruhigt	glücklich	selig
bedrückt	hasserfüllt	unter Druck	beschwingt	gut gelaunt	sicher
besorgt	hilflos	unbehaglich	berührt	heiter	sich freuen
betroffen	in Panik	ungeduldig	energie-geladen	hoffnungsvoll	still
deprimiert	irritiert	unruhig	engagiert	inspiriert	strahlend
durcheinander	leblos	unwohl	enthusias-tisch	jubelnd	überrascht
einsam	lustlos	unzufrieden	entlastet	klar	überwältigt
elend	miserabel	verärgert	entschlossen	lebendig	unbekümmert
empört	müde	verletzt	entspannt	leicht	unbeschwert
enttäuscht	mutlos	verzweifelt	erfüllt	liebevoll	vergnügt
ermüdet	nervös	verwirrt	erfreut	locker	verliebt
ernüchtert	ruhelos	wütend	erleichtert	lustig	wach
erschöpft	traurig	zitternd	erstaunt	motiviert	wissbegierig
Erschrocken	sauer	zögerlich	fasziniert	munter	zufrieden
entrüstet	scheu	zornig	freundlich	mutig	zuversichtlich

Quelle: Rosenberg 2016, S. 54ff.

Bedürfnisliste

Körperliche Bedürfnisse	Seelische Bedürfnisse	
Nahrung	**Bindung**	
Wasser	Beziehung	Schutz
Schlafen / Ruhen	Sicherheit	Kontakt
Gesundheit	Geborgenheit	Führung / Orientierung
Luft	Vertrauen	Zugehörigkeit
Bewegung	Ehrlichkeit	Gemeinschaft
Schutz	Fürsorge	Freundschaft
Sexualität	Trost	Empathie
Körperkontakt / Nähe	**Selbstwert**	
Unterkunft	Akzeptanz	Respekt
Abstand / Distanz	Wertschätzung	Anerkennung
Harndrang	Toleranz	Würde
	Empathie	Integrität
	Verständnis	Sinn
	Resonanz	Abgrenzung
	Autonomie	
	Erfahrung	Individualität
	Selbstbestimmung	Kreativität
	Selbstbehauptung	Inspiration
	Entwicklung	Spiel
	Freiheit	Spaß
	Unabhängigkeit	Herausforderung
	Erkundung / Lernen	Privatsphäre / für sich sein
	Wahlmöglichkeit	Mitbestimmung

Ich ...

brauche

fühle

nehme dich an

sehe dich

nehme mich ernst

nehme dich ernst

bitte

möchte wissen, was du fühlst

achte mich

achte dich

vertraue dir

möchte wissen, was du denkst

vertraue mir